『十三五』國家重點出版物出版規劃項目

胡澱咸中國古史和古文字學研究 第一卷

殷墟爲鐵器時代

胡澱咸◎著

安徽師範大學出版社
·蕪湖·

圖書在版編目(CIP)數據

殷墟爲鐵器時代 / 胡澱咸著. — 蕪湖：安徽師範大學出版社，2021.12
(胡澱咸中國古史和古文字學研究；第一卷)
ISBN 978-7-5676-5114-2

Ⅰ.①殷… Ⅱ.①胡… Ⅲ.①小屯文化—研究 Ⅳ.①K871.34

中國版本圖書館CIP數據核字(2021)第278478號

胡澱咸中國古史和古文字學研究：第一卷
殷墟爲鐵器時代　　胡澱咸◎著
YINXU WEI TIEQI SHIDAI

總 策 劃：張奇才
責任編輯：辛新新　　責任校對：孫新文　孔令清
裝幀設計：張　玲　桑國磊　張德寶　　責任印製：桑國磊
出版發行：安徽師範大學出版社
蕪湖市北京東路1號安徽師範大學赭山校區　郵政編碼：241000
網　　址：http://www.ahnupress.com
發 行 部：0553-3883578　5910327　5910310(傳真)
印　　刷：安徽聯衆印刷有限公司
版　　次：2021年12月第1版
印　　次：2021年12月第1次印刷
規　　格：787 mm × 1092 mm　1/16
印　　張：13.5　插頁：2
字　　數：167千字
書　　號：ISBN 978-7-5676-5114-2
定　　價：200.00元

胡澱咸先生

（一九八五年摄于寓所）

序言

李修松

胡澱咸（一九一〇——一九九〇）先生是我國著名歷史學家、古文字學家，是解放後我省歷史學的重要奠基人，是一位治學嚴謹、功力深厚、學識淵博的學術大師。最近，我的母校安徽師範大學組織整理胡先生學術論著已畢，擬以胡澱咸中國古史和古文字學研究之書名結集出版，師兄胡功籙（胡先生之第五子）囑我寫序，况胡先生是我攻讀碩士研究生期間的授業恩師，我只有唯命是從，猶恐語不達意。

一

胡先生出生於安徽省蕪湖縣保沙鄉胡灣村一書香世家。父親胡宗璆飽讀詩書，思想開明，雖居僻壤却雅重教育，曾在家鄉創辦新式學堂，造福桑梓。除令長子居家守業外，其餘五子悉令外出求學，皆學有成就，一門出了五位教授。胡澱咸先生排行第四，幼承庭訓，不滿十一歲便只身赴位於蕪湖的省立第五中學讀書。後又在二哥胡稼胎的資助下先後至江蘇省立一中、南京中學就讀。胡稼胎先生曾任武漢大學教授、國立安徽大學文學院院長、北京大學教授，是我國著名學者，他對胡澱咸先生走上學術研究之路，具有重要影響。

一九三〇年，胡澱咸先生考入國立中央大學歷史系。該系一流的師資隊伍、濃厚的學術氛圍，使胡先生在發奮苦讀的同時，很快走上了學術之路。入學第二年，他便發表青弋江流域概況刊登在地理雜誌上。同時，他在外語學習方面進步很快，使他在學術道路上如虎添翼。大三時他與同學陳瘦石合作，翻譯了荷蘭裔美籍作家房龍的世界地理。此書由世界書局出版後，學界廣爲好評。不久，他又獨立翻譯了三十餘萬字的希臘哲學史。他在翻譯過程中，以英文本爲底本，以法文本和德文本仔細參校，以高質量被評爲優秀畢業論文，受到師生們的稱贊。

一九三四年，胡先生大學畢業，他利用暫時未找到工作的半年時間，深入研讀古史。特別是再次精研了前四史和資治通鑒，積累了大量資料，提昇了史學修養，更加堅定了致力於古史研究的決心和信心。

次年二月，他應聘爲江蘇國學圖書館編校。此後兩年，他利用坐擁書城的大好時機，盡可能擠出時間廣閱經史百家，奮力筆耕。特別是得到了學者柳詒徵的指教，從而使他的根基更加堅實，其間他協助柳先生完成了首都志的編撰，並獨立完成發表了南京的佛寺與道觀表。

一九三七年抗日戰爭爆發，大好河山相繼淪喪，胡先生懷着悲憤的心情輾轉四川，任教於樂山中學。由於他之前的厚積，在此任教的兩年裏，他仍能精研學術，發表了高齊爲鮮卑人考北周賜姓考漢武帝獨尊儒術考等重要論文，對北史和唐史研究產生較大的影響，受到顧頡剛、徐中舒等史學界前輩大師的器重。因此隨後受到四川大學歷史系的邀請，於一九四〇年八月底受聘該系任教，開設中國通史（同時也在法學院主講此課）和秦漢史綱要。大學教學，增强了他歷史研究的系統性，先後撰寫了秦史綱要、兩漢史綱要達數十萬字。由於他教學科研都取得優秀成績，於一九四四年七月被破格提拔爲副教授。

抗戰勝利後，胡先生滿懷報效桑梓、奉獻家鄉的熱忱，一再婉拒四川大學的挽留和其他高校的邀請，回到安徽，受聘於當時位於安慶的國立安徽大學，同時在歷史系、文學院主講中國通史、世界通史、中國文學史和魏晋南北朝史。

新中國成立後，胡先生隨安徽大學遷至蕪湖。新中國的建立，使胡先生煥發青春，幹勁倍增。一九五六年，他獨立撰成了中國古代及中世紀史，全書達四十餘萬字，成爲當時全國高校通用的三部教材之一。他還發表了周室東遷考等論文。重要的是，他的學術研究拓展到甲骨文、金文領域，發表了釋罘臣、釋比等文章。更爲突出的是，他考證『𢦏』是『鐵』字的初文，系統地提出了關於商代已用鐵器的觀點。他更運用甲骨文等資料，撰寫了約十萬字的殷代生産工具研究專著，系統論證了商代已經使用鍬、鋤、鏟、鍤、犁等農具，並已用鐵器。這些學術成果，在當時的中國古代史、古文字學乃至古史分期及殷商社會制度等學術領域，産生了重大影響，被安徽省有關部門作爲重要成果上報教育部。他的研究成果，也爲解放後安徽省歷史學研究奠定了重要基礎。一九五六年，胡先生以其在教學科研方面的優异成績，被作爲史學界的杰出代表，推選爲安徽省社會主義建設積極分子，隨後又被提拔爲歷史系副主任。

正當胡澱咸先生滿懷熱情努力進行學術研究，且進入出成果的黄金期時，孰料天降晴天霹靂，一九五七年『反右運動』中，他被錯劃爲右派。但是他堅信，國家的發展畢竟需重視學術文化，國家的前途、個人的前途總會要走向光明的，所以他視劣境爲考驗，仍然排除萬難堅持學術研究。

一九七八年中共十一屆三中全會召開後，黨和國家撥亂反正，胡先生二十二年沉冤終於得以昭雪。一九八一年，胡先生以其卓著的學術成就，被聘爲教授。由他牽頭申報的中國古代史碩士點獲得國家審批，他成爲安徽師大首批碩士點帶頭人。此時，他雖已年逾古稀，沉疴在身，但仍以全部的熱情投身教學科研，先後發表試論殷代用鐵等論文數十篇，新見迭出，在全國產生了重要影響。特别是他在古文字研究方面，創新不斷，自成體系，在全國古文字學界受到廣泛贊譽。

胡澱咸先生孜孜治學六十餘載，學術生涯十分坎坷。特别是從『反右』開始到『文革』結束，雖歷經坎坷，但他淡泊自守，不以得失爲念，反而以更加堅强的毅力努力進行學術研究，一生著述數百萬言。試想，如果他能長期置身於我們如今這樣的學術環境，畢生不受干擾地去研究，那麼將會取得怎樣的成就啊！

二

回顧胡澱咸先生坎坷的學術人生，令我們感動和敬佩之處甚多。舉其要者：

第一，他將畢生奉獻於學術研究，無論身處任何劣境，他都能堅持不懈，一絲不苟，學術人品堪爲楷模。特别是他在被錯劃爲右派之後長達二十二年的漫長歲月裏，生活上十分困難，但他仍堅持正直做人，坦坦蕩蕩，清清白白，自信上對得住天，中對得住人，下對得住地，不因困難而放鬆學術研究。即使在『文革』時期，他也能做到『不以物喜、不以己悲』，自信上蒼終將不廢斯文，因此珍視學術生命，仍以頑强的意志，克服重重困難，潛心研究，完成甲骨文、金文考釋文章一百餘篇。

第二，他在學術研究上能與時俱進，成爲堅定的馬克思主義史學工作者。解放後，他自覺學習馬克思主義，信奉馬克思主義，不僅善於運用馬克思主義立場、觀點、方法指導古史研究、古文字研究，提昇其研究成果的科學水平，而且他還結合自身經驗一再諄諄教導我們：運用馬克思主義指導史學研究，確實是運用其他理論和方法所難以比擬的。如從商品入手研究經濟，從生産力與生産關係的矛盾運動角度分析社會發展，運用階級分析方法研究歷史人物等，都是十分科學的理論方法。是否能運用這些理論方法，能否運用得好，其效果是大不一樣的。他同時也告誡我們，運用馬克思主義史學理論指導歷史研究，切不可機械和教條，不能抓住隻言片語爲我所用，而是要系統地運用馬克思主義的立場觀點和方法分析問題、研究問題、解決問題。事實一再證明，這些確實是金玉良言。

第三，他對學術研究要求十分嚴謹。我於一九八二年成爲胡先生的入室弟子。那時，我看到有人在研究生階段已發表學術論文，很羡慕，也想早日發表論文。胡先生知道我的心思後，語重心長地對我説：你現在首要的任務是要打牢基礎，厚積才能薄發。可以多練習寫論文，但不要急於發表，要知道文章留待後人看！真正的學者寫出的學術論文，應該能經得起時間的檢驗，千萬不能仿傚現在某些學者急於求成以致於朝成夕改的浮躁學風。所以即使你今後基礎牢固了，發表文章也應該鎚煉堅實，慎之又慎。即使寫出來了，也要仔細推敲，反復修改，并且先放一段時間，再仔細檢視無誤後纔可以發表。這樣，發出的文章論點才能堅實不易，才能經得起時間的考驗，才能算是學者治學。他自己就是這樣做的，可以説，這是他一生治學的經驗之論。他發表的每篇文章，從史料的精選，到分析的謹嚴，到語言的精準，到觀點的堅實，都是我們的榜樣。他的許多論文，都經長期打磨，有的甚至積數十年之功。

第四，他對學生，既嚴格要求，又如春風化雨。例如：胡先生招收研究生，專業要求相當高，而且決不徇私。一九八一年首次招考過程中，其他幾位老師都按計劃圓滿地完成了招生計劃，唯有胡先生一個没招成。當時報考他的有十幾位考生，人數是比較多的。但是由於經他手裏判的所有考生的『先秦史』考分都不滿六十分，所以他堅持『寧缺毋濫』的原則，寧可當年不招！應該説，當時有些考生的素質還是相當不錯的。例如其中一位姓趙的考生已經發表了好幾篇論文，在史學界已有一定影響。還有一位姓徐的考生是胡先生所敬重的一位史學大師之孫，已經在一所大學任教，他所發表的史學論文已經在史學界引起較好反響。所以，當時指導組討論時，大多認爲這兩位學生可以破格招收。胡先生不否認他們在史學研究上取得的成績，但是他堅持認爲：他們的『先秦史』考分不及格，説明其系統訓練不够，史學功底不够堅實，報考先秦史方向，先秦史考試成績却不及格，是説不過去的。故此二人終未被録取。這與他爲人一貫正直不阿，堅持標準、堅持原則，是一致的。

同時，他在大學任教五十年，所用教材都是經他精準研究、獨立編成的。他備課精心細緻，每句話都經深思熟慮，授課和指導學生都具有高超的藝術。他對學生仁愛可親，誨人不倦，德才並重，學問、人品都堪稱一代宗師。他指導研究生，從指導制訂學習計劃，開列閱讀書目，輔導講座，課程檢查，到能力訓練、問答應對等，都精益求精。我們在他的教導下，如沐春風，茁莊成長。胡先生教導我們做學問，更教導我們做人的道理，要求我們做學問先要學會做人。他曾告誡我們：『做人不可有傲氣，但不能無傲骨。』要正直無私，保持自己的人格和氣節。特别是歷史學家，更需要有好的人品，否則不能務實求真，秉筆直書，是不能還歷史的真實的！他還教育我們：走上學問之路，就要潛心治學，矢志不移，不爲外擾，甘於坐冷板凳，切不可貪功浮躁。這些，使我們終生受益無窮。

三

這次結集出版胡先生的文集，共分八卷，逾百萬字。其中近百篇甲骨文、金文方面的論文，曾收入甲骨文金文釋林一書，於二〇〇六年由安徽人民出版社出版，次年榮獲國家新聞出版總署頒發的首屆『三個一百』原創作品獎。還有數十篇古史、古文字論文陸續發表。然而，文集中的大部分論著都是首次發表，學術價值重大。

其中所收的秦史綱要、中國古代及中世紀史等史學著作，在我國較早地構建了秦史特別是中國古代及中世紀史的框架體系，爲二十世紀五十年代我國高校歷史教學和相關學術研究作出了重要貢獻。他的有關商代生産工具的研究，多處創新，頗有影響。他的史學論文，拾遺補缺，匡謬糾錯，發前人所未發。例如他於二十世紀三十年代末發表的高齊爲鮮卑人考一文，論證北齊高氏是鮮卑人，否定了舊史中所謂渤海人、蓨人、漢人之説；北周賜姓考一文，論證舊史中關於北周宇文泰賜功臣鮮卑姓，乃是唐人修史者之曲筆，其實是恢復鮮卑姓。這些，都受到當時學術界的高度重視。再如，四川青川秦墓爲田律木牘考釋——並略論我國古代田畝制度再論爰田賈田應是賣田等，對於我國古代田畝制及相關制度研究，價值相當重大。馬嵬驛事件的真相釋史釋衣等論文，也影響較大。

其中所收的甲骨學與中國古文字理論方面的研究論文，精闢地闡述了甲骨文的發現、甲骨學、甲骨文斷代，漢字的起源、使用、結構及其演變等，構成體系。對於研究者，特別是對於初學者學習，十分有用。例如，胡先生將漢字的演變方式歸納爲七種，總結其規律，即：增加義旁、可以有不同的義旁、增加聲旁、可以有不同的聲旁、減省筆畫和偏旁、可以義旁和聲旁都不相同、創造新字代替舊字。特別是論通假 文字學研究什麽 中國文字學中形而上學的批判 考釋古文字的方法問題等論文，對文字學中的『通假』方法進行了深入討論，深刻批判了我國文字學研究領域出現的形而上學現象。在上述基礎上，根據自己多年考釋古文字的研究實踐，系統提出了考釋古文字的方法。他結合漢字演變的規律，從認識甲骨和青銅器上文字的本義開始，進而順暢通讀甲骨卜辭和銅器銘文，再從音形義三要素考釋準確，才能搞清所考文字的確切含義。在此過程中，還要掌握此字的引伸義和假借義，搞清字義字形的變化，再驗之於典籍，方可正確考釋甲骨文和金文。這是對古文字研究領域十分重要的貢獻。

其中所收一百多篇甲骨文和銅器銘文考釋文章，驗證了先生研究古文字方法的科學，更顯先生深厚的學術修養和功力。他還將甲骨文、金文作爲殷周時期最原始的史料，放到當時的歷史條件下深入考察，並旁徵博引，從而對商周時期的政治制度、土地制度、生産工具、農業生産、商業經營、社會生活，乃至宗教習俗等方面，提出了許多正確的新穎獨到的觀點。他對諸如『兮甲盤』『永盂』『頌鼎』等銅器銘文的考證，不僅精當，而且正確論述了每件銅器銘文所蘊含的歷史文化内容。

總之，胡先生的學術研究，創新連連，建樹多多，深入、精準而形成體系。特別是在甲骨文、金文研究方面，既吸取前人智慧，又糾正其誤，提出了令人信服的新的研究方法，取得了一系列驕人的成果，在古文字學界可謂獨樹一幟。尤其是他將古文字考釋與古史研究相結合，相互印證，形成兩者相得益彰、交相輝映的學術風格，對後人啓發良多。

胡先生積畢生精力研究的學術成果終於將結集出版，讓學術界特別是古史、古文字學界長期受益，可喜可賀！作爲他的學生，我怎能不歡欣鼓舞。是爲序。

二〇二一年十月四日

李修松，安徽省政協副主席，民建安徽省委會主委，全國政協委員，安徽大學教授、博導。

緒言

到現在爲止，研究我國古代歷史，工具問題依然是個最重要最基本的問題。我國古代歷史的研究，毋庸諱言的，現在還存在着不少的問題，甚至有許多基本問題也還未獲得解決。學者們的研究也呈現着相當混亂的現象。對有些問題還只是摸索猜測。我們覺得生産工具問題未獲得解決就是主要的原因之一。工具是歷史進程的標誌，工具問題不能獲得正確的解决，社會文化的真相也就不能獲得明確的認識，研究也就不免發生困難。

我們何時進入鐵器時代，殷墟是青銅還是鐵器時代，這是多少年來學者研究而未得解决的問題。從理論和文化的現象來講，殷墟應無疑已是鐵器時代了。鐵器的使用和文字的創造是野蠻最高階段兩件劃時代的重要發明。而文字的發明猶有待於鐵器的使用。殷墟已有文字，而且是進步的文字，卜辭更已有長達一二百年的記載，這當然非已用鐵不可。又殷墟出土的器物青銅器製造精美，而且已有了銅器製造的工場，這明顯是已有了手工業和農業的分工。殷墟既已有顯著的手工業與農業的分工，這也可知當時生產工具已是鐵製的了。其他如農器的進步，酒的釀造，城堡的建築，銅器和甲骨上的藝術的雕刻，無一不可證明殷墟必已用鐵。

但，現在考古學者們都不承認殷墟是鐵器時代。他們大多認爲殷墟是青銅時代，還有人以爲猶使用石製的工具。他們的理由是，殷墟出土的器物只見有銅器和石器而不見有鐵器。根據理論來推論殷墟是鐵器時代，他們不相信是正確的，他們説這只是『代公式』。

考古學者們這種看法是否正確，我們總覺得不無問題。不論在方法上或其對歷史學的影響上，我們總覺得不甚妥當。我們覺得，僅憑看到實物或看不到實物以論定殷墟是青銅時代或鐵器時代，這種方法便屬可議。這乃是實驗主義的方法而不是辯證唯物主義歷史科學的方法。鐵這種金屬是很容易銹爛的，公元前一千餘年以前的鐵要保存到現在是極不容易的。不僅我們中國，就在全世界範圍内，發現公元前一千餘年以前的鐵器也没有幾件。殷墟時代的鐵器，我們誠然不容易看到，但『看到』與『未看到』和有與没有，二者之間並没有必然的關係。有而没有看到，乃是常有的事。考古學者因爲没有看到殷墟時代的鐵便肯定殷墟時代没有鐵，這從常理講也是不可通的。

尤其重要的，我們覺得，考古學者這種説法是與理論相抵觸的。考古學者謂殷墟是青銅時代或石器時代，不僅與文字和鐵是野蠻最高階段兩項劃時代的發明這一理論不合，而且對我國全部古代歷史的解釋也與理論相違背。現在歷史學者論殷周歷史都根據考古學者之説，謂殷及西周是青銅時代，但同時他們又説殷是奴隸社會，甚至有人説西周已是封建社會而還使用着青銅工具。這很明顯與恩格斯奴隸社會發生的理論背道而馳。恩格斯指示必須經過野蠻最高階段的鐵器生産以後才能産生階級社會，若照考古學者和歷史學者所説，則可以不需鐵器生産，無論石器或青銅皆可以產生階級社會了。這與恩格斯的理論相去甚遠。我們以這樣的歷史理論指導研究，教育青年，其結果將發生怎樣不良的影響！考古學者和歷史學者對他們的觀點，曾作了不少的辯護，但我們覺得這些辯護，不但不能增加他們的理由，適足以增加紛亂而已。

我們的看法與考古學者們不同，我們以爲不應該有實驗主義者的態度，胸中先横梗着一個『實物』的觀念。我們應該先誠實地接受恩格斯的理論。我們既承認恩格斯的理論是正確的科學理論，則我們就不能説只是『公式』而已，我們也不能藉口什麼『靈活運用』，而骨子裏將它擱置起來。我們以爲必須遵守恩格斯的理論，而以之指導我們的研究。我們没有發現殷墟時代的鐵器，那不是恩格斯的理論與我國歷史不相符合，也不是我國歷史發展有什麼特殊，那只是我們自己的研究還有問題。我們的研究還不夠精深圓滿。我們這一短短的研究就是根據這一精神而寫的。在我們的研究中，我們深深地感覺到恩格斯的理論確實可以正確地指導我們的研究，而恩格斯理論的完全正確也由此可以證明。

據我們考察，殷墟時代確已用鐵器生產了。我們不是從『實物』研究，而是從甲骨卜辭推考。甲骨卜辭是我們研究殷代歷史珍貴無比的材料。它比『實物』不知豐富真實多少倍。我們考察甲骨文中一些工具字和勞動字，我們發覺一種情形，就是鐵這種金屬原有好多種不同的名稱：如鐵、銕、銍、鍇、鏤等。而這些名稱又正是農器或生產勞動。如鐵字其本義實爲耕植，由此我們悟及鐵之所以得名，必是以之製造農器的緣故。即以之製什麼農器就以那種農器之名名鐵。這蓋因鐵最初發明的時候原不像後世一樣與其他的金屬有區别的名稱，也没有固定的名稱，因此以之製造什麼工具，就以那種工具之名爲名。這許多鐵的不同名稱的字，我們推溯其字源，都是甲骨卜辭中的工具字或勞動字。這豈不很明白地可以知道這些甲骨卜辭中的勞動生産工具就是鐵製的。殷墟是鐵器時代由此也就可以肯定了。也只有殷墟是鐵器生産，殷周時代的社會和文化纔能獲得合理的認識。

目録

第一篇　殷墟是犂耕牛耕的時代

一　釋勿物

在傳説中，我國早在殷墟以前，就已發明牛耕了，山海經大荒西經和海内經都説后稷之孫叔均『始作牛耕』。世本作篇也説『相土作乘馬』『胲作服牛』，服牛見於卜辭『注一』殷墟以前，已發明服牛必無問題。舊時記載多以服牛用以輓車。牛既可用以輓車，自也可以用以耕田。

無論如何，殷墟時代必已用犂耕牛耕了。這已爲學者所公認。這裏我們想再加以補充説明。甲文有⿰牛彡字，或作⿱彡牛。此字王國維釋物，義爲雜色牛，董作賓、郭沫若釋犂。『⿰彡勹實犂之初文，犂耕也。此字从刀，其點乃象起土之形。其从牛作⿰牛彡若⿱彡牛者，亦即犂字从牛之義。』（釋勿勿）

『卜辭勿作□，勿字作□，判然有別。勿乃笏之初文，象笏形，而上有題錄。勿乃犂之初文，象以犂起土之狀。勿多假爲犂牛之犂。犂之本字作□□若□。舊均誤釋爲物。』（殷契粹編）

『卜辭中有很多犂字，作□或□，勿即象犂頭，一些小點象犂頭起土，轡在牛上，自然就是後來的犂字。』（奴隸制時代）

郭氏謂□爲犂之本字，象以犂起土之狀，甚的。但謂『勿多假爲犂牛之犂』，『犂之本字作□□若□』，則屬不確。勿象以犂起土，應就是犂字之初文，無所謂假。論語所謂『犂牛之子騂且角』，犂牛就是耕牛而不是什麼黑色牛或者雜色牛。□□，在卜辭中是祭祀所用之牲，義爲牛，而犂義則爲耕田，如用作名詞則爲耕田的農器，與卜辭□之義不合，□就不能釋犂。

我們以爲□及□乃是犂牛二字的合文，在卜辭中，勿牛二字的用法，是可合而又可分。

『丙申卜，貞：□武丁，祖乙，犁宰兹用。』（後上四、十五）

『貞毓祖乙吉物，四月。』（戩三、七）

『其牢犁，其牢犁。』（寧二、一四二）

這都是勿牛二字合在一起。

『貞賁十勿牛㞢（又）五鬯。』（前四、五四、四）

『乙丑卜□妣庚歲勿牛。』（庫方一一五九）

『□貞□燎于丁，十小宰，卯十勿牛。八月。』（後上二四、三）

『癸丑□父甲□勿牛。』（甲八〇三）

這裏勿牛二字又都分開。勿牛二字既可分亦可合，可知基本上是兩個字。卜辭又云：

『弜勿。』（龜二、十六、五）

『貞弜勿，三月。』（師友一〇八）

『叀勿。』（甲七七五）

『癸丑卜，亢貞：弜勿。』（甲二八八〇）

『癸丑卜亢貞：叀勿。』（同上）

此處勿義皆是勿牛。勿牛而稱勿乃是句法之省，也就是勿牛之省。由此也可知勿牛原爲二字。卜辭還有『勿牝』（後下五、九）更足證勿必是單獨的一個字，物乃是勿牛二字的合文。

勿是象以犁起土之形，其義必爲耕。這在卜辭中也可以看出。卜辭云：

『丁酉卜，亢貞：今來辛丑勿⿱米凵，其酒。』（甲二四七六）

⿱米凵是地名。卜辭云，『乙巳壬卜貞：田⿱米凵往來亡𡆥』。（甲三三五〇）⿱米凵爲殷王遊畋之所，蓋是距殷都不遠的地方。此處『勿⿱米凵』與『田⿱米凵』語例一樣，勿必是個動詞，其義必爲耕，此辭蓋謂將於辛丑日往耕於⿱米凵，因舉行『酒（酌）祭』。又卜辭云：

『丁卯卜，㱿貞：王往于[glyph]，不冓雨。』（前四、五一、一，龜一、三〇、十四）[glyph]舊都釋爲勽。這裏『王往于[glyph]』句法與『王往于田』一樣，[glyph]也是個動詞，釋勽文義不可通。我們以爲此也可是勽字。此字字形與勽相同，所不同者只有與勽作爲[glyph]或[glyph]少一二小點而已。這是沒有關係的。按勽也有作[glyph]的（戩三、七及六、三）與[glyph]完全一樣。此辭蓋謂前往耕田，不遇雨。

又卜辭云：

『貞匁告：十一月。』（前五、廿、八）

『甲戌卜，王曰貞勽，告于帝丁，不玆。』（粹三七六）

此處勽是所卜問的事，義也必爲耕田。此蓋將前往犂田而告于帝丁。總之，勽義爲耕必無疑問。

勽義爲耕，勽牛自然就是耕牛。殷墟時代已用犂耕和牛耕，豈不是很明顯的。殷墟時代不僅用牛耕，也用馬耕。卜辭云：

『叀不勽馬。』（佚二〇三）

『叀勽馬。』（同上）

勽馬自也就是耕馬。殷墟時代，馬用以耕田，自也無問題。

勽牛二字的合文，王國維釋物，我們覺得，這也不能說是錯誤。只是物應該就是犂牛而不是黑色牛、雜色牛或者毛物。詩小雅六月『比物四驪』無羊『三十維物』，物義皆爲牛。從字形上顯然可見必是牞字。以匀牛二字爲物，誠屬錯誤，但這種錯誤不在王國維誤釋甲骨文而是古人就錯了。這大概因爲金文勿作彡、彡等形與甲骨文匀作氵略同，遂致譌誤。

還有一個字我們以爲也是由匀字認誤的，即歾字。此即後世的刎字。說文云：『歾，終也。』重文歿，說文蓋以歾歿爲一字。按荀子彊國篇云：『欲壽而歾頸。』是歾實即俗刎字，義爲剄殺。其字从勿，由勿得聲得義，若勿爲『卅里所建旗』或否定詞之勿，必不能有剄殺之義。我們以爲勿也是匀之誤。匀義爲耕，引申爲殺，又因與勿形近，譌誤爲勿，因剄殺致死，故加歹作歾。又因剄殺用刀，故俗又加刀作刎。

注一　卜辭云：『□子卜，□酌□莆牛。』（庫方一八四九）『□酉卜，賓貞，告畢，受令于丁，二牢，莆牛。』（粹五三三）『丙午卜貞畢奠歲羊卅，卯三牢，莆牛其宗用，八月。』（龜二、三、十一）『莆牛其用。』（甲六七九）此皆服牛之見於卜辭者。

二　釋利

匀字演變則爲利及黎字。

說文云：『利，銛也。刀和然後利。从刀，和省。』許愼蓋以利義爲銳利、鋒利。按說文於銛字云：『銛臿屬。』臿是農器，銛當也是農器，其義爲利，當是引申義。利初義實也爲耕，其義爲銳利，也是引申義。利乃是勿字的孳乳。

甲骨文利作[甲骨文]或[甲骨文]或[甲骨文]等形。從字形看，很明顯，這都是勿字的變化發展，並且都是表示耕田種禾。利从勿从禾是表示犂田種禾。[甲骨文]从秉與从禾相同。[甲骨文]又加土，蓋更表示起土。勿字所加微點本就象起土，大概年代既久，漸不爲人所知，故又加土以表示起土之義。這種情形在中國文字的發展中，實是常見的。

在卜辭中也可見利義當爲耕。在卜辭中，利字有幾種用法。第一是國名。

『貞伐利。』（粹七三一）

此云『伐利』利顯係國名。

『利示三屯屮□㱿。』（龜一、十八、十一）

『利示三屯屮一丨賓。』（龜一、十八、十四）

『利示六屯，亘。』（師友二、二五）

這種骨面刻辭所記究屬何事，學者意見猶不一致，但示上一字都是人名或國名。此處利當也是國名。我們以爲就是宗，利示即利宗。我們以爲殷猶是氏族制，氏族組織的形式就是宗法。所謂宗就是一個氏族或大家族。這關係於殷代的社會問題，當另爲文討論。

在卜辭中利字的第二種用法，義就是耕。卜辭云：

『庚戌卜，王曰貞，其𥝤，又馬。』（後下五、十五）

『庚戌卜，王曰貞，其𥝤，ナ馬。』（同上）

郭沫若釋此辭，謂𥝤爲剢字。假爲轡，又馬ナ馬爲馬種之名。

剢字羅振玉收爲利字，案字左旁从采，采字一作穗，从禾穗聲。此言『剢左馬』，上片言『叀左馬』（纂七三〇）『同屬田獵之卜，則剢蓋从刀采聲之字也。叀及剢疑均假爲轡。左馬右馬，以上片例之，蓋馬種之名也。』（卜辭通纂）

此說實大謬，字書只有采字而無剢字，釋𥝤爲剢已是鑿空，而假剢爲轡，更毫無根據。凡假借也必有其一定範圍，或義相近，或聲相近，或聲相同。如𥝤爲采聲字，則與轡聲義皆不相關，何能通假？至謂左馬右馬爲馬種之名，則更屬臆說。按卜辭有云：『貞：其又衆。』『又衆』與『又馬』語例完全相同，難道『又衆』也是人種之名嗎？

我們以爲這實是以馬耕田之辭。『其利』義就是犂田。『又馬』『ナ馬』即用馬耕。又與ナ皆爲手，字義實相同，在卜辭中用法也沒有分別。如又義爲有無之有，ナ義也爲有。

『癸亥卜，犾貞：今日亡大颭。』（甲三九一八）

『癸亥卜，犾貞：今日ナ大颭。』（同上）

這是同版的二辭，是問有無大風的。ナ與亡爲對文，可知其義必爲有。又『又』爲祭名，𠂇也是祭名。卜辭云：

『庚寅卜，彭貞：𠂇妣卒，一牛。』（甲二六九八）

『丙辰卜，彭貞：其𠂇祖丁，叀翌日。』（甲三六四八）

『辛亥貞：于大乙𠂇伐。』（粹三五）

此處𠂇也是祭名，語法與『又某某』相同。又『又』義爲祐，卜辭云：『受㞢又。』卜辭有云：

『壬戌卜貞：弗受𠂇𠂇。』（甲三九一三）

『𠂇𠂇』義顯然與『㞢又』一樣。由此可知𠂇與又字義實完全相同，即是一字。『𠂇馬』『又馬』義必一樣。

此處𠂇又，我們以爲義實爲引。

『隹元年正月初吉甲寅，王在周，各（格）康廟。既立，同中右。師兌入門，立中廷，王乎（呼）内史尹冊令（命）師兌……』（師兌𣪘）

『隹三年五月既死霸甲戌，王才周康邵宮。旦，王各太室。卽立，宰弘右。頌入門，立中廷。尹氏受王令書，王乎史虢生冊命頌。……』（頌鼎）

金器這類的銘辭甚多，這裏『右』義皆爲引。右即是又。是知『又』義也必爲引。『又馬』義當爲引馬。『其利又馬』，蓋謂引馬而耕，辭義甚爲明白。

我們以爲『又馬』當就是馭字。馭乃又馬二字的合文，這從字形上是明白可見的。又卜辭云：

『叀壬射馭。』（寧一、三八七）

『畢，又馬。』（同上）

這也是同版的二辭，是卜馭馬射獵的。這裏第一辭作馭，而第二辭作『又馬』，可知馭必又馬之合文無疑。説文云馭『使馬也』，我們看，馭之本義實爲引馬。

卜辭云：

『乙未卜，賁貞：舊丂ナ𩧐其剢。不𣏟，吉。』（龜二、二六、七）

『乙未卜，（缺）貞：ナ（缺）其剢。不（缺）吉。』（菁九、五）

這與上面的兩條卜辭語法大致相同，只『又馬』與『其利』顛倒，中加一叓字而已。叓舊釋赤或夫，無論在字形或辭義上看，皆屬難通。郭沫若謂叓爲『史之異，讀爲使』（卜辭通纂畋遊），甚是。甲骨文史作[古文字][古文字]，有史、使、事三義。此處叓較史只增加一『ナ』，ナ義仍爲手，與『又』相同，字義必無變。這種情形，在甲骨文和金文中是常見的。例如羞字，甲骨文作[古文字]，金文則有作[古文字]者，也增加一『ナ』，而字義仍舊。故叓可斷仍爲史，義爲使。『又叓馬』義當仍與『又馬』相同。『ナ馬其剢』義也是用馬耕田。舊丂爲地名，乃耕田之所。『叓馬』我們以爲即駛字。駛即叓馬二字的合文，説文無駛字，玉篇有之，云：『駛，疾也。』駛之本義應是使馬，疾乃是引申義。

又卜辭云：

『癸丑卜，賓貞：ナ□馬其剁，不（缺）。』（藏一〇、二）

『乙未卜，賓貞：𠂤貴入□瑪其剁，不赤，吉。』（後下十八、八）

這與上面卜辭語例也略相同，當也是以馬耕田的卜辭。赤爲赤字。但於此若訓爲赤色之赤，義不可通。赤於此是個動詞，我們疑心係策馬之策字的本字。淮南子道應訓高誘注云：『策，馬捶，端有鐵，以刺馬，謂之錣。』可知策馬實是刺馬而不是鞭馬。□，我們疑心即象馬策端錣之形。

按从赤作的字有赦字。說文云：『赦，置也。』於置字云：『置，赦也。』二字互訓。段玉裁謂赦義與捨同。這實是錯誤的。段氏謂赦義與捨同，係從赦罪和棄置推想的。要知這實都是引申義而不是本義。我們以爲赦即『毒蛇螫手』之螫字的本字。說文謂螫爲『蟲行毒』，但我們以爲螫可逕訓刺，詩小毖『自求辛螫』螫韓詩作赦，可知赦螫一字。釋文云：『赦，事也。』事即是剚，可知赦義實爲刺，赤義也必爲刺。我們以爲赤字當就是策馬之策字的本字。後世作策乃因赤策音同而譌假的。其爲赤色之赤亦係假借。我國文字中的顏色字實都是假借字。赤就是策，此云『ナ赤馬其利』蓋謂策馬而耕。

在卜辭中利字的第三種用法，義爲利益，利害。

『不利。』（前二、三、一）
『其伐□，利。』（同上）
『不利。』（同上）

這是同版的三辭，顯是問伐□利與不利的。這利義自爲利益、利害。但這乃是引申義而不是其本義。利之本義爲耕，因耕田種植有所收穫，爲財利之源，故引申爲利益。又因犂這種工具鋒利，故引申爲鋭利，這學者早就言及了。

利就是犂字，後世因耕田用牛，故又加牛作犂，利字也就只爲鋭利、利益字，而其本義便不爲人所知。

説文犂作𤚩，不从利作。説文云：『𤚩，耕也。从牛，黎聲。』實則𤚩也和犂一樣，犂義就爲耕。黎字之作，郭沫若謂从勿从黍（注一）甚的。按篆文黎作□，實也很明顯的是从勿从黍。甲文也有黎字。

『丁卯卜，貞：王伐□。』（寧二、七六）

□从勿从黍，定是黎字。黎在此爲國名，殆即西伯戡黎之黎。黎字是从勿从黍，與利字之从勿从禾，造義完全相同，黎之本義也必爲耕。黎增牛作𤚩也必和犂一樣，是後世因耕田用牛而增加的。

殷墟時代已用犂耕、牛耕、馬耕，由上所述，必無可疑。不僅殷墟時代，由文字推考，當我國文字創造的時候，應就用犂耕了。傳説叔均作犂耕，在時間上講，似不能不承認有其可靠性。

殷墟時代已用犂耕了。然則犂是用什麼製造的呢？是青銅，還是鐵？按照理論講，應當是鐵製的。恩格斯説：『首先，我們在這裏（作者注：野蠻最高階段，也就是鐵器時代）初次看到了帶有鐵鏵的用家畜拖的耕犁。』（注二）犂是鐵器時代才發明的，殷墟時代既已用犁耕，怎能説還不用鐵呢？由我們的研究也可以證明，殷墟時代犂必是鐵製的。現在姑且不説它是鐵製的，其爲金屬製造的則可以肯定無疑。説文有鏫字，玉篇作鑗及鏊。説文云：『鏫，金屬。一曰：剥也。从金，黎聲。』很明顯，這就是黎及利字。从金乃後世所加的。其義爲剥，也可見是由犂田裂土引申的。然則鑗何以是金屬？是何種金屬？我們以爲這種金屬所以名之爲鑗，即因以之製造犂的緣故。這可以推見，最早人發明用金屬的時候，金、銀、銅、鐵、錫，必没有分别的名稱。没有分别的名稱，也就没有固定的名稱。因之，以這種金屬製造什麼工具，即以那種工具之名名這種金屬。用這種金屬製造犂，所以也就以黎或利名這種金屬，鑗究竟是青銅器還是鐵，我們不知道，但犂是金屬製造的，由此可推見。

注一　見釋勿勿

注二　家庭、私有制和國家的起源

三　釋⿱罒牛剛

殷墟時代是用犁耕和牛耕，還有兩個字可以證明。此即⿱罒牛及剛字。甲骨文⿱罒牛，學者釋犅。此係犅字，誠屬不誤。說文云：『犅，特牛也。』（注一）犅是牛。但犅特是什麼牛呢？何以義爲牛呢？這似不能解釋。說文云：『犅，特牛也。』這猶之說馬者馬也，沒有解决問題。徐鉉本云：『朴特，牛父也。』但何從而知其是牛父呢？仍無法解釋。

我們以爲⿱罒牛義也爲牛耕。犅便是耕牛。⿱罒牛甲骨文作⿱罒牛，从网从牛，从勿。這是象以網絡牛，曳犁而耕。後世以牛耕田或輓車，都將牛穿鼻，以便牽引，牛穿鼻始於何時，其確切年代不得而知。按莊子秋水篇云：『牛馬四足是謂天，落馬首穿牛鼻是謂人。』是戰國時代，牛穿鼻當已是習見的事了。學者或以爲春秋時代，牛已穿鼻，（注二）這也是很可能的。在未發明穿牛鼻以前，牽牛的方法，學者或謂用梏，即繫橫木於牛角之上。甲骨文牛字有作、、、等形者，即象繫梏與牛角之形。（注三）繫梏於牛角，自不失爲牽牛的一種方法，但以網絡牛頭而牽引，也不能說不合理。殷時已知馭馬，馭馬的方法必是絡馬首。當時既知絡馬首，自然也可以絡牛頭了。而且⿱罒牛字从網作，若非象以網絡牛，實無法解釋。

在卜辭中，能看到⿱罒牛字的字義的似不多，但我們即從很少的卜辭中，也可以推知⿱罒牛義應爲耕。卜辭云：

『癸丑卜，在□，貞：王旬亡畎。』（前二、七、一）

『癸卯卜，在□，貞：王旬亡畎。』（前二、十七、七）

『癸亥卜，在□，貞：王旬亡畎。』（前二、十七、八）

『癸亥卜，在□，貞：王旬亡畎。』（梨四二六）

『甲寅卜，在□，貞：今夕自不遘。』（寧二、四、八）

又云：

『（缺）在□䧺，貞：（缺）往來亡□。』（前二、十七、六）

『（缺）在□䧺，貞：（缺）亡□。』（前二、十八、三）

『（缺）在□䧺，貞：今夕亡畎寧，在十月。』（前三、十八、一）

『庚寅（缺）□䧺，（缺）今夕自（缺）。』（寧二、一四七）

這裏□都是地名，不能據此推知□字的字義。卜辭有云：

『貞，弗其畢，九月，在魡。』（前五、四五、四。龜二、十三、八）（注四）

『在魡䧺，隻中田。』（前一、三三一）

魡不是地名。在魡，在魡䧺，謂釣魚之所。在□，在□䧺，語例與此相同，□似也可以說與魡一樣，是個動詞。這樣□便也可以說義爲耕。在□，在□䧺，可以解釋爲在耕田之所。這樣解釋雖然也可以通，但總有點勉強，不的確。卜辭在某或在某𨻰，絕大多數都是地名。在⿰勿牛，在⿰勿牛𨻰，自應仍以爲地名爲妥。不能因爲它與在魡、在魡𨻰語例相同而強爲之解。

卜辭云：

『丙辰卜，在⿰勿牛，貞：叀大又先（缺）歆美，⿰勿牛利，不雉衆。』（前二、十八、二）

這片卜辭辭意頗爲難解。雖有不少人加以解釋，終不能明瞭。這裏我們所注意的是⿰勿牛、利二字連文。這兩個字胡小石先生以⿰勿牛爲牛，釋利爲物，『⿰勿牛利』義爲雜色牛。（注五）又有人釋利爲製，義爲御。『⿰勿牛利』義爲御牛。（注六）又或以⿰勿牛仍爲地名。（注七）這些解釋，不論從字形、字義、辭義或文法上稱，都難暢通無礙。我們說利就是犂。⿰勿牛與利連文，應也是個動詞，不能解爲牛，也不能解爲御，也不能解爲地名。⿰勿牛，我們以爲意當爲耕。『⿰勿牛利』即是耕利。此辭『大又』郭沫若謂即周禮夏官司士職之『大右』，可信。『先』，我們以爲義蓋爲往。甲骨文先作⿱止人，从止从人。甲骨文止義實爲前行，从止作的字都表示有前行之意。如歬（前），从止从舟，進，从止从隹，武，从止从戈。即舟前行爲前，隹行爲進，執戈前行爲武。先義蓋而爲人前行。歆美爲地名。這條卜辭辭意蓋謂令大右先往歆美，耕利。這樣解釋，我們覺得，不論從哪方面講皆通順無礙。

卜辭又云：

『乙巳卜，出貞：逐六罕豸。』（後上、三十、十）

這裏罕很明顯，必是犅之省。此若訓爲牛，義不可通。我們以爲此義也爲耕。兕是個象形字，這是個什麼字，是個什麼獸，學者意見頗爲紛異。董作賓釋麟，而一般學者多謂是兕。釋兕自是正確的。但兕是什麼獸，學者猶未之確定。說文云：『兕如野牛，青色，其皮堅厚可製鎧。』象形。兕應該是牛。段玉裁謂即水牛，我們亦以爲然。殷墟書契後編卷上三十頁第十及十一兩片，及殷契佚存第二十五片兕字便酷肖水牛之形。兕是水牛，則罕，我們以爲義非爲耕不可。『罕兕』即是耕牛。卜辭屢見『逐兕』，經傳亦云『射兕』，這大概是殷墟以至西周春秋，水牛猶未完全成爲家畜。其獵得的水牛，即將其馴養，並且作耕田之用，因此兕可稱之爲罕兕。

甲骨文又有剛字。很明顯，這是犅字之省。由剛字的字義也可推知犅義必爲耕。詩閟宮『白牡騂剛，犧尊將將』。禮記明堂位『周騂剛』，剛義皆爲牛，是所用之牲。又卜辭云：

『叀白豕。』（明一三六）

『叀剛，羊。』（同上）

『叀剛。』（同上）

這是同版的三辭。這裏剛與白豕及羊并舉，無疑的，必是所用之牲，必即是牛。卜辭與文獻皆以剛爲牛。剛是牛必無問題。然則剛何以是牛呢？我們以爲這乃剛義爲耕的緣故。剛應原爲剛牛，意爲耕牛。省稱爲剛。猶勿牛可省稱爲勿一樣。

又卜辭云：

『其剛，□貞：告于□牛。』(庫方四三)

『乙未卜，其剛，羊十于西南。』(後上二三、四)

『其剛』語例與『其田』『其漁』相同。剛爲動詞，決不能訓爲牛。我們這裏剛必爲耕。又卜辭云：

『剛于來。』(戩四八、四)

『□又告啓，其剛于□□。』(掇五六五)

『壬申剛于伊𡗗。』(後上二二、四，又纂二五九)

『丙辰卜，剛于朋，大甲㠯，于翌丁步。』(粹一九一)

這裏『剛于』『其剛于』語例與『田于某所』『其田于某所』相同，剛也是個動詞，不能訓牛。我們以爲這裏剛義也必爲耕，第一辭來是地名，『剛于來』即于來耕種。第二辭蓋謂天晴了，往耕于某地。第三辭伊𡗗，學者或以爲就是伊尹，而剛是牲。(注八) 這是沒有根據的。我們以爲伊𡗗仍當是地名。『剛于伊𡗗』意謂耕于伊𡗗。據郭沫若之復合，與此同版者尚有二辭。『壬申貞：桒年于𡿨。』『壬申貞：桒年于夒。』這與第三辭是同日所卜，也就是同時的卜辭。這兩條卜辭所刻的部位在第三辭之上。按甲骨刻辭的通例，刻辭大多是由下而上。下者在前，上者在後。由此以推，可知這三條卜辭必卜『剛于伊𡗗』在前，卜桒年于𡿨及夒在後。我們將這三條卜辭聯繫起來看，可知這必因將往耕于伊夾，而後才桒年于𠄌及夒。由此推溯，也可知剛義必爲耕。第四辭『剛于朋』當即耕于朋。『太甲自』不知何意。這可能有兩種情形：一朋爲太甲陵墓所在地，一朋是太甲的居地。郡國志濟南國注引皇覽云：『太甲有冢在歷山上。』是太甲陵在濟南。不過這實不可信。殷時殷的勢力决未能達到濟南。又郡國志魏郡鄴縣注引帝王世紀云：『縣西南有上司馬，殷太甲常居焉。』鄴與安陽密邇，朋可能就是上司馬，是太甲的居地。

卜辭又云：

『己巳，王剛□田。』（粹一二二一）

□郭沫若釋圣，甚的。説文云，汝潁之間，謂致力於地，曰圣。圣義自爲耕田。剛郭氏初謂宰之異文，讀爲則。（注九）嗣又釋則，即鋤字。（注十）皆誤。按此字作□，很明顯的是从勿从网，即是剛字。『剛圣田』三字連文，更足証剛義非爲耕田不可。

剛甲文作□，金文增土作□（矢人盤）及□（大中毁）。其所以增土作，當也必剛義爲耕，加土表示耕田起土。與利字或加土作，用義相同。説文云：『剛，彊斷也。』剛義爲堅彊及斷，當是由耕引申的。字又假爲山岡之岡。（矢人盤）『陵剛析，封于東道』『陟剛三封』『陟卅剛登析』，都是假剛爲岡，後遂省爲岡。

甲骨文還有□及□兩個字。我們以爲其義也爲耕，與罕及剛即一字。卜辭云：

『王其田乂，⿱剛耒于巜。』（後上十五、四）

『弜⿱剛束。』（同上）

『亻冂⿱剛束牛。』（同上）

『王其⿱剛束。』（寧一、三三八）

『弜敹，又雨。』

『其⿱剛束，祖辛俾，又雨。』

『弜⿱剛束。』

『其⿱剛束，祖辛俾，叀豚，又雨。』

『叀羊。』

『其⿱剛束，父甲俾，又雨。』

⿱剛耒及⿱剛束皆从⿱剛牛及剛作，可知與⿱剛牛剛必有相連的關係。這裏⿱剛耒及⿱剛束皆是動詞，這就足以推見其義有爲耕的可能。第三辭⿱剛束、牛二字連文，更足見其義必爲耕。⿱剛束牛必就是剛牛，也就是耕牛。這兩個字，我們以爲即⿱剛牛之異作。⿱剛耒只較⿱剛牛增一禾字。此義必謂耕田種禾。猶勻加禾爲利一樣。⿱剛束字从束，義也爲耕。束，我們以爲非束縛之束，而是敹及刺字的初文。說文曰：

『臿地曰敹。』莊子胠篋篇云：

『昔者齊國鄰邑相望，雞狗之音相聞。罔罟之所布，耒耨之所刺方二千餘里。』

荀子富國篇云：

『掩地表畝，刺屮殖穀，多糞肥田，是農夫衆庶之事也。』

是敇刺義皆爲甾地耕田。敇刺皆由束得義甚爲明顯，束義也必爲甾地耕田。又卜辭云：

『壬子卜，其束。』（明七二六）

『其束』語例與『其剛』『其田』相同。束是動詞，由此也可推知束義當爲耕。又上舉第五至第十辭係屬同一版的卜辭。又都是卜有雨無雨的，必是同一次的卜辭。此處敇字與⿱剛束用法一樣，其字義當也相同，這也足以證明敇義當爲耕。敇从束从又，象以手持束，顯是束字的繁文，可知束義必爲耕。

⿱剛耒及⿱剛束，我們以爲即⿱剛牛及剛字的異文。⿱剛耒字从⿱剛牛从禾，換句話説，只較⿱剛牛增一禾字。這當是表示耕田種禾之義。⿱剛束字从束，當表示耕田刺地。

還有一個字可能與⿱剛牛也有關。此即牼字。説文云：

『牼，牛厀下骨也。从牛，巠聲。春秋傳曰：「宋司馬牼字牛。」』

司馬牼當即是哀公十四年左傳所述的司馬牛。宋司馬桓魋之亂，桓魋之弟牛逃奔於外。許氏所指，當即此人。惟左傳只謂司馬牛，未説他名牼。許氏謂司馬牛名牼字牛，必有所本。孔子弟子有司馬耕字牛。孔安國、鄭玄皆謂宋人，桓魋之弟。司馬牼就是孔子弟子司馬耕。司馬耕孔安國謂名犁。（注十一）論語釋文又謂『司馬犁史記作⿰禾勿，並云字牛』，然則司馬耕史記仲尼弟子列傳原也作司馬𥝢，今本史記作司馬耕，乃陸德明以後的人所改。司馬牛說文謂名牼，孔安國謂名犂，古本史記謂名𥝢，今本史記謂名耕，可知牼必與犂、𥝢、耕同義。換句話說，牼義必爲犂及耕。又司馬牼字牛，照古人名字相應的習慣看，牼義也應爲牛耕。

牼與犅聲音相同，義又相同。不僅這樣，从巠和从岡作的字義也往往相近。例如經與綱義近，剄與剛斷之義相近，勁與剛強之義相近，陘爲山領，岡爲山脊，義更相同。由這種情形看，似不能說二者没有相當的關係。這裏唯一的問題只是這兩個字的字形略有不同。我們疑心牼可能是犅字的省變。如這種推測不誤，也足爲犅義爲耕之一證。

總之，我們以爲甲骨文犅義實爲牛耕。犅義爲牛耕，豈不更足以證明殷墟時代必已用犂耕和牛耕。

注一　段本云，犅特也。

注二　參看徐中舒古代狩獵圖考。

注三　同上。

注四　此字羅振玉釋魰。按此字象垂綸之狀，宜釋魡。墨子魯問篇云：『魡者之恭，非爲魚賜也。』釣古實作魡。

注五　說文古文考。

注六　李旦丘殷契摭佚八八片考釋。
注七　郭沫若卜辭通纂六〇六片考釋。
注八　郭沫若卜辭通纂二五九片考釋。
注九　殷契粹編考釋。
注十　見奴隸制時代。
注十一　論語何晏集解引。

四　釋敉𢻮嫠

甲骨文有敉字。此字學者釋𢻮及嫠。這個字的始義我們以爲乃是種麥，也就是耕田。在卜辭中，此字每與[illegible]連用。如：

『[illegible][illegible]』（後上五、十二）
『貞其[illegible][illegible]』（後上八、五）
『[illegible][illegible]』（甲二六九五）

這種卜辭辭意爲何，不得其解。王國維釋爲取釐，董作賓並謂取釐意爲進福。這明顯是錯誤的。學者或又釋爲叙嫠。從字形上講，釋[illegible]爲叙誠較勝，但叙嫠是什麼意思，仍不能知。我們疑心𤰞敉可能也與耕田有關。只是在𤰞字字義未完全明瞭以前，也不敢斷定。

敍𤼷二字辭意爲何，我們雖不能瞭解，但敉義爲種麥爲犂田，我們覺得，必無可疑。按卜辭云：

『貞：𤰞沙告。』（甲二六七二）

『壬戌卜，犾貞：𢓊𢓊，㠯來。』（甲三九一三）

上面敍、敉二字連文，這裏敍、匄二字連文，很明顯必敉、匄二字通用，敉義必與匄相同。敉義爲耕，由此可見。

敉，甲骨文有幾種寫法：

𢿢（前五、三九、三），𢿢（後上五、十二），𢿢（後上八、五），𢿢（粹一九四）。𢿢（甲二六九五），𢿢（後下六、七）。

由字形看，此字基本上有兩種作法。一是从『來』从『又』从『攴』，一是从『來』从『攴』。从來从又就是『麥』字。甲骨文麥作𢿢（戩十、八），𢿢（前二、十、三），象以手持『來』之形。舊謂下象麥根，實是錯的。此字是从『麥』从『攴』，从『來』从『攴』應即爲𢿢及敉字。說文謂𢻹『从攴从厂，厂之性坼，果孰有味亦坼，故謂之𢻹』，實是錯誤的。𢻹應是𢿢之譌，𤼷則爲𢿢之孳乳。麥與來即是一種作物，所以此字實爲敉字。

敇字从『來』从『攴』，來是農作物，攴是象手持工具，正表示種來之義。玉篇有𥞊字，云：『𥞊，耕也。』𥞊自是俗字，禾乃後世所加，其字應爲來字。來爲麥，何以義又爲耕？我們以爲來當即是敇之省。這我們後面當再討論。來義爲耕，更足證敇義必爲耕。又說文云：『𤼽，引也。』『𠩺，坼也。』𤼽𠩺義爲引爲坼，自是引申義。由這種引申義反溯，也可推知敇義必爲耕。因耕田是曳犂而耕，故引申爲引。耕田裂土，故引申爲坼。說文又有剺字，云：『剺，剥也，劃也。』這當又由𠩺演變的。

敇義爲耕，與匄、利、黎諸字不僅同義，而且同聲。我們疑心匄即襲敇聲。敇是从來作，由來得聲。來古音讀若黎。在我國古代傳說中，『來』是『瑞麥』，是由天上降下來的。由此可知『來』當是我國最早發明的主要的農作物。最初耕田種麥謂之敇，由此以推在語言上，『敇』之出現，時間也應最早。換句話說，應比『匄』及『利』爲早。因爲最初耕田種麥謂之敇，所以往後發明犂耕，遂也就襲用敇聲。敇、匄、利、黎乃至後世的犂𥞊等之得聲，實都由我國最早農作物『來』而來的。

敇及𣪊字演變，又爲斄及氂。說文云：

『斄，彊曲毛，可以箸起衣。从犛省，來聲。』

不論字形或字義，這於斄字的解釋，實都是錯誤的。斄字無論如何也看不出表示『彊曲毛』的意思。這完全是漢代人的想象。漢人以犛爲『西南夷』出產的髦牛，髦牛毛長曲而靭，因此漢人便以斄爲『彊曲毛』而其字是『从犛省』。

我們以爲斄實即𣀔及𣁋字，義爲耕。莊子應帝王篇云：『虎豹之文來田，猨狙之便，執斄之狗來藉。』山海經南山經郭璞注引此云：『執犂之狗。』可知斄與犂必同音同義。換句話說，斄義也必爲犂。斄就是𣀔，即𠩺。其又增『來』作，乃是表聲的。𣀔本由來得聲，大概年代既久，𣀔𠩺原由來得聲，人已不知，故又加『來』以表聲。因此𠩺斄也就分爲二字。

又周之始祖后稷所居之地名斄。這也應是𣀔。按周人自誇他們的始祖后稷是農業的發明者。（注一）他們又傳說最早種植的『來』就是他們祖先受之於天的『瑞麥』。是『來』當就是周人發明的。按𣀔正象種『來』，我們將周人的傳說和𣀔字合起來，豈不很明白地可以看出，后稷之居地所以名斄，必謂其地是種『來』的。而斄就是𣀔，也由此可見。斄又作邰，詩生民『即有邰家室』。段玉裁謂『周人作邰，漢人作斄』，我們所見，卻適與之相反。我們這一考察，文字的字形、字義、地名和傳說，四者皆合若符契。這不能不說是很有趣的事。這也說明古文字在古史研究上有多麼可貴的價值和我國古代的傳說可信的程度有多麼高。

古代這樣以生產爲地名者似尚不止斄一地。又如周似也即以農業生產爲地名的。周所以國號爲周，是因太王居周原。周字，甲骨文作[illegible]或[illegible]，正象田中種植作物之形，與囿作[illegible]相同。周字初義必是田。周之所以名周，由此可知。也必其地是從事農田耕作的緣故。又卜辭中利、黎、犁、齊等顯然也都是以農業生產的方法爲地名的。由此可知，殷墟時代必有不少的地方是以其生產的方法爲名的。這樣，如果我們將卜辭中的地名一一加以考察，似也可推知當時一部分生產的情況。

説文云：『釐，家福也。从里，𠩺聲。』漢書文帝紀：『今吾聞祠官祝釐，皆歸福於朕躬。』如淳云：『釐，福也。』釐義實爲福。按彝器銘辭云：

『辛亥，王在⿸广異，降，今日歸福于我多高□□，錫⿱𠩺夊。用作毓祖丁⿰阝尊□』（毓祖丁卣）

『易⿱𠩺貝無疆。』（大克鼎）

『降余多福緐⿱𠩺殳。』（叔向父𣪘）

『用蘄眉壽緐孷于其皇祖皇考。』（者減鐘）

『𠍙部（昭）皇祖嫠嚴□各（格）𠍙受屯魯多釐，眉壽無疆。』（秦公𣪘）

此處𠩺、⿱𠩺貝、⿱𠩺殳、孷、釐，義也皆爲福，可見釐、⿱𠩺夊實是一字。又⿱𠩺殳、孷二字一從⿱𠩺夊作，一從釐作，也足證⿱𠩺夊釐即是一字。

釐與敉⿱𠩺夊既係一字，則釐之始義自也爲耕，而其義爲福則係引申義。按叔夷鐘云：

『女（汝）肇敏于戎攻，余易（錫）女（汝）⿰⿱來厘攴都□□，其縣二百。余命女𤔲辝⿱⿰⿱來厘攴邑（⿰⿱來厘攴邑）』

這裏⿰⿱來厘攴都、⿰⿱來厘攴邑、⿰⿱來厘攴僕、⿰⿱來厘攴如訓福，文義皆不可通。我們以爲這應即訓耕。按蒼頡篇云：

『國之下邑曰鄙。』又云：『國之下邑曰俚。』（注二）鄙、俚顯即釐之省變。鄙俚應就是釐邑。釐邑就是下邑，然則下邑何以稱爲釐邑呢？我們以爲這就是釐義爲耕的緣故。所謂釐邑就是耕田之所，也即孔子所説的『十室之邑』的邑。這是農人聚居從事耕種的地方，所以稱之爲釐邑。釐僕則不是農奴，便是奴隸。這於春秋時代社會的研究，應是一值得注意的材料。我們以爲釐就是⿰來攵及⿱⿰未攵子字。以後加里，也是表聲的，與𥝋加來相同。説文謂从里孷聲，實未懂得此字發展變化之故。金文或从貝或子作，乃表示對福釐的願望或希望和希求。从貝，蓋希望得財，从子，則希望得子。這又暗示了西周時代對於財產及家庭觀念的一部分。總之，釐本義實爲耕，引申爲福。與利義爲耕引申爲利益一樣。釐又省變爲鄙及俚，我們以爲所謂『下里巴人』之歌及『俚語』即起源於此。釐義爲耕，農民居住的地方稱之爲釐邑。所謂『下里』之歌當是農民所唱的歌，俚語即農民所説的話。因爲統治階級輕視農民，覺得農民所唱的歌和所説的話不『雅』，於是一切不『雅馴』的歌曲、言語等等便都稱之爲『俚歌』『俚語』，目之爲『鄙俚』『俚俗』，這猶之後世城市裡的地主輕視農民，稱農民爲『鄉下佬』一樣。

賚、⿰阝里二字，我們看，也是由釐省變而來的。説文云：『賚，賜也。』按釐義也爲賜。詩既醉：『其僕維何，釐爾女士。』傳云：『釐，予也。』詩江漢：『釐爾圭瓚，秬鬯一卣。』傳云：『釐，賜也。』可知釐義也爲賜予，又書文侯之命『賚爾秬鬯』與『釐爾圭瓚秬鬯一卣』，語意完全一樣，更可知釐賚字義不異。我們以爲賚乃由金文⿰賚攵直接省變的。按彝器銘辭有云：

『王蔑敔曆，事尹氏受（授）斁。』（敔毁）

此器銘辭是述淮夷人入侵，王命敔禦之於上洛。敔禦淮夷獲勝。王以敔有功，故使尹氏賞賜敔。此處『受』義必爲授，斁義必爲賞賜。賚很明顯，必即斁省去攵。釐斁賚義爲賞賜，蓋又由其義爲福引申的。

説文云：『理，治玉也。从玉，里聲。』理何由而得治玉之義？這從字形上實難解釋得通。理很明顯是個形聲字，里於此也很明白是表聲的。如果理之本義是治玉，也就是説，如果特創造理字，以表示治玉，這就不通。因爲治玉是一種動作，必定是用會意的方法來表示，而不是用假聲的方法來表示。而且如果理是假里聲的，則理字的發生應在里字之後，換句話説，也就是我國用玉爲時很晚，這與歷史事實也不相合。所以理字必不是原始字而是由其他的字演變來的，其字義也必是引申義。

我們疑心理即釐之省變。按釐既可省變爲𨛦即俚，自然也可省變爲理。𨛦、俚、理，省變的方向是相同的。又理義爲治，釐義也爲治理，書堯典『允釐百工』，僞孔傳云：『釐，治』，又『釐下土方』，釋文引馬融云：『釐，賜也，理也。』詩臣工『王釐爾成，來咨來茹』。鄭箋云：『釐，理也。』理與釐義相同，更可證理當爲釐之省變。

詩緜云：

『迺慰迺止，迺左迺右，迺疆迺理，迺宣迺畝，自西徂東。周爰執事。』

此處理字鄭箋謂是『疆理其經界』。若如鄭説，則理義當爲治。但我們讀這章詩，總感覺這種解釋不甚妥帖。不論句法或文法，都不易通。此處慰、止、左、右、疆、理、宣、畝八字，都是動詞，而且都是相對的。如果説『迺疆迺理』是治理疆界，疆、理二字文義便不相對。而此句在這幾句詩之中，文氣語法不能相合。而且如説『迺疆迺理』是治理疆界，其本身文法也不通。因爲這裏『疆』是動詞，義當就是治理疆界，何需再加理字呢？這豈不是重複。因此我們覺得這句詩釋爲治理疆界，是難通的。但如謂『迺疆迺理』義不是治理疆界，訓理爲治，依然不通。因爲此處慰、止、左、右、疆、宣、畝等字皆是不接物動詞，其本字就表達了一件具體的事。而『理』則爲接物動詞，它必須有實詞。如理義爲治理，則所理者何事？文義依然不清楚。總之，我們覺得，於此『理』不論釋爲治理疆界，或單訓治，皆有所未安。

我們以爲理乃釐之省變，其義爲耕。緜之詩是歌太王遷居岐下的。這一章是述他定居周原，開墾土地。『迺疆迺理，迺宣迺畝』即述其耕墾土地的情況。『迺疆迺理』義即爲耕墾土地。

又詩信南山：

『信彼南山，維禹甸之。畇畇原隰，曾孫田之。我疆我理，南東其畝。』

由此更可知疆理實耕治土地而不是治理疆界。

由上所述，敉字的演變實是這樣：由甲骨文的敉数，演變而爲𠩺嫠。由𠩺又演變爲𠩺力、嫠、斄、釐、賚。由釐賚又省變爲理賚。其字義的引申則由種麥耕田，引申爲坼、爲引、爲劃、爲福、爲治、爲賜。由此我們可看到一件事實，即：我國文字的孳乳主要是由於文字筆畫的增省。因爲在發展中，文字的筆畫或增或省，字形因之稍有不同，於是一個字便變爲幾個字。而字義的引申，抽象的字義多是由具體的勞動引申的。這也可以説明勞動對於文字，關係何等重要。我們覺得，掌握這樣的原則，中國文字的發展變化完全可以推見。

注一　詩生民歌頌后稷藝植百穀。又逸周書商誓解云：『王曰，在昔后稷，惟上帝之言，克播百穀，登禹之績。凡在天下之庶民，罔不維后稷之元穀用蒸享。在商先哲王，明祀上帝，□□□□，亦維我后稷之元穀用告和，用胥飲食。』周人謂農民所種植及祭祀所用的都是后稷之元穀。可見他們實自誇后稷是農業的發明者。后稷發明農業自不可信，但麥爲周人所種植則必無可疑。

注二　一切經音義引，此據孫星行輯，岱南閣叢書本。

第二篇　殷墟時代的鐵製農器

一　釋鐵

殷墟時代已無疑的是用犁耕和牛耕、馬耕了。犁耕和畜耕，則必是鐵耕。因爲犁耕、畜耕是鐵器時代才發明的，反過來，殷墟時代既用犁耕和牛耕，則當然便已是鐵器時代了。我們從情理推測，也可知其時必已用鐵。因爲任何銅或青銅都没有這樣堅牢，足以經得起用牛馬拖曳着耕田啟土。

甲骨文有戠字。

『其戠丝用。』（前一、二一、四）

『戠用其戠。』（後上、二五、四）

此字舊釋犆：即犆及特。

『説文解字無此字。卜辭中又有⿹戈口⿹戈口二文，此从⿹戈口與⿹戈口，殆一字。故知此字从牛戠。考説文解字埴注黏土也，从土埴聲。禹貢厥土赤埴墳，釋文鄭作戠，是古戠與直通。禮記大夫以犆牛，周禮小胥釋文特本作犆。由此推之，知⿰牛戠即犆，即特矣。然由卜辭觀之，⿰牛戠當爲牛色。』（增訂殷墟書契考釋）

⿰牛戠即是犆，也即是特，誠是。按玉篇云：『特，壯牛也。』『犆，同上。』即謂犆特爲一字。又禮記雜記：『上大夫之虞也少牢。……下大夫之虞也犆牲。』少儀『喪俟事，不犆弔』。也都以犆爲特。舜典『歸格于藝祖，用特』。楚語『天子舉以太牢，祀以會。諸侯舉以特牛，祀以太牢。鄉舉以少牢，祀以特牲』。這裏的特牛特牲，應也即是卜辭之⿰牛戠。鄭玄、韋昭以及僞孔傳訓特爲一，實都是錯誤的。

然則⿰牛戠即特是什麽牛？羅振玉謂⿰牛戠爲牛色，當然是錯誤的。説文云：『特，特牛也。』徐鉉本云：『朴特，牛父也。』玉篇云：『特，壯牛也。』是特確義爲何，仍不得而知。按説文云：『犅，特也。』是特即是犅。我們以爲犅就是耕牛，則特也應就是耕牛。玉篇又有𤛮字，云：『特也。』𤛮就是犕，𤛮犕一聲。山海經大荒東經云：『有困民國……有人曰王亥，兩手操鳥，方食其頭。王亥託于有易，河伯僕牛。有易殺王亥，取僕牛。』

此處之僕牛顯即是𤛮牛，而僕牛即是犕牛、服牛。也即是天問之朴牛，學者早已言之。是特也即是服牛。由此看來，卜辭中的犕牛、剛牛、犆以及勿牛實即是一種牛。特就是犅，就是勿牛，就是犕牛，更可知必是耕牛。

犆在卜辭中，也和勿牛二字一樣，可以合，也可以分。卜辭云：

『己巳卜□王賓祖乙，戠牛□尤。』（庫方一二〇一）

『戠牛用。』（寧二、一四四）

此處戠牛顯爲二字。犆爲犆字，則戠必就是戠字。犆乃戠、牛二字的合文。戠字説文義闕。玉篇謂『戠，歛也』。禹貢徐州『厥土赤埴墳』，釋文謂埴鄭作戠。説文，僞孔傳，徐廣、玉篇皆謂埴爲黏土，而鄭玄謂『戠，赤皃』。玉篇有戠及埴字，當即禹貢之戠，云：『埴，赤土也。』埴、戠二字，諸家訓釋顯然不同。若依我們的考察，則諸家之説皆屬錯誤。犆義爲耕牛，犆是戠、牛二字的合文，則戠義必爲耕。按楚簡云，戠，古植字。戠即是植，更可證戠義必爲耕種無疑。禹貢徐州『厥土赤埴』，蓋謂徐州的土壤是赤色可耕之土。又禹貢梁州『厥土青黎』，舊訓黎爲黑。我們以爲黎義也爲耕。『厥土青黎』乃謂梁州的土壤是青色可耕之土。這與『厥土赤埴』，正可互相發明。

我們以爲犆、植、㭨等字也都是由戠演變的。這很容易看出：犆又作犆作特。戠又可作埴及埴。犆、植、㭨情形與之一樣，三字當也是同樣變化的。茲列表於下：

樴　犆　特

戠　（樴）　埴

樴　植　㭙

由這種字形的變化看，樴、植、㭙義也應相同。而戠義爲種植更由此可見。說文云：

『樴，弋也。从木，戠聲。』

樴與弋鄭玄謂是繫牛的木樁，或又以爲是繫船的木樁。這實都是錯誤的。這都是假借的用法，而不是本義。（詳後）從字形看，很顯然弋就是[illegible]字所从作之[illegible]。這明是象一個加橫柄的農器的形狀。當是鋤一類的農器。說文云：

『弋，橜也。象折木衺鋭箸形。从厂，象物挂之也。』

箸即是鐯，即是鋤。弋象箸形，可知弋必就是鋤，弋爲鋤，字形字義皆甚明白。說文又謂，『厂象物挂之』，實屬臆説。這顯因爾雅釋宮謂『樴謂之杙，在牆者謂之楎』而附會的。說文云：『㭙，槌也。』玉篇云：『㭙，槌橫木也。』『關西謂之㭙。』『㯰，古文。』玉篇又云：『槌植也。』段玉裁也謂㭙即方言之植。㭙、植即是一物，字義相同。玉篇謂槌是『蠶槌』。所謂『蠶槌』，就是攀折桑葉的鉤子。月令云：『具曲植籧筐。』植也就是採桑的鉤子。但我們以爲以槌、植、㭙爲『蠶槌』實皆係假借，其本義必非如此。按植義又爲種植，而後世稱鋤地亦稱『⿰木㝵』田，『⿰木㝵』就是㭙。説文謂㭙『特省聲』，玉篇謂㭙亦作⿰木㝵。可知㭙實爲『得』聲。㭙應即是⿰木㝵田之⿰木㝵。植㭙本義應皆爲種植，其作農器，則爲ቲ。弋古實也是得聲。這由忒、代的讀聲便可推見。植㭙爲蠶槌，蓋因採桑的鈎子形與ቲ相似而假用的。

樴是ቲ，植㭙也是ቲ。樴、植、㭙三者即是一物。可知三字也必同義。戠義爲種植，更由此可見。樴、植、㭙，我們以爲原義爲種植，其義爲ቲ，乃因ቲ即爲種植之工具，而字音又相同，而致譌誤的。

由上所述，戠義爲耕種當無可疑，而樴也可知非爲耕牛不可。

現在我們再考察一下卜辭戠字的用法。

『壬戌卜，行貞：王賓戠亡𡆥』（庫方一二四五）

『癸卯卜，行貞：王賓戠亡𡆥』（戩二十、八）

『己卯卜，行貞：王賓戠亡𡆥』（零六三）

『戊□卜，旅貞：王賓戠亡𡆥』（戩二十、六）

『丁巳卜，旅貞：王賓戠亡𡆥』（寧三、一九五）

『戊申卜，尹貞：王賓戠亡𡆥』（戩二十、十一）

『丙辰卜，大貞：王賓戠亡□』（栔六七九）

『戊辰卜，即貞：王賓戠亡𡆥』（戩二十、九）

『己亥卜，寧貞：王賓𢀛亡尤』（甲二八八一）

這裏的𢀛，學者多謂是祭祀。王襄又謂不是祭祀而是朝會燕享之禮。他説：

『按卜辭之例，凡祭祖先，前言王賓，後均記無厭，間記祭名。又卜辭習見王賓戠亡卟之文。此王賓確非祭祀，當爲朝會燕享之禮，即王所賓敬者。』（簠室徵文考釋）

此處𢀛非祭祀，我們亦以爲然。但王氏謂是朝會燕享之禮，也屬不確。這顯是誤解了王賓爲王之賓客。我們以爲𢀛在此意乃爲禳祓，此辭最可注意者爲辭中無所祭祀的祖先，辭末用『亡𡆥』。卜辭辭末往往用『亡𢦏』『亡壱』『亡尤』『亡𡆥』等辭。這種語辭皆有一定的用法，必有不同的含義。凡辭末用『亡𡆥』者皆非對祖先的祭祀。此辭末皆用『亡𡆥』，極少用『亡尤』者，可知𢀛必不是祭祀。這與禳祓有關，我們想留待後面再討論。

『弜又𢀛，辛酉貞：大乙𢀛，一牢，二牢，三牢。』（甲七四七）

『戊申卜，尹貞：王賓大戊𢀛，亡𡆥，在七月。』（庫方一〇三一）

『戊辰卜，旅貞：王賓大戊𢀛，亡𡆥。』（粹二一一）

『戊寅卜，□貞：王賓大戊𢀛，亡𡆥。』（粹二一三）

『戊午卜，賓貞：王賓大戊𢀛，亡尤。』（粹二一四）

『辛酉（缺）貞：王（缺）祖辛𢀛，亡（缺）。』（庫方一八六〇）

『（缺）辰卜，王（缺）翌辛巳又𢀛于祖辛，物一，其征上甲，亡巛。』（粹二五二）

這皆有祖先，示似可當爲祭祀。但這種卜辭辭末仍用『亡𡆥』，我們疑心這仍是禳祓。

『乙亥卜，𡆥貞：生七月，王勿𢆶，入示。』（前四、六、三）

『丁丑卜：王貞：余勿𡧊，占，余示三月。』（前八、十四、二）

『貞勿𡧊，歸示。』（藏二三、三）

『貞勿𡧊入示。』（珠二一）

這幾條卜辭辭意頗不易瞭解。𡧊是何字，其義爲何，便不易知。此字王襄釋卒，商承祚列之待問編，孫海波甲骨文編又以爲與衣一字。我們覺得此字義確與衣相同，與衣爲一字。

我們試先說一下衣字，衣甲骨文作𠂇，在卜辭中，衣爲祭名，又是地名。此外，還有一種用法，即用之於田獵的卜辭。卜辭云：

『戊申卜，在[?]，貞：王田衣逐亡（缺）。』（前二、十一、六）

『壬寅卜，在𤩙，貞：王田衣逐亡巛。』（同上）

『（缺）卜，在𤩙貞：王田衣逐（缺）。』（契五九一）

『辛酉卜，在𦎫，貞：王田衣逐亡巛。』（前二、十五、一）

『戊午卜，在𤰈，貞：王田衣逐亡巛。』（同上）

此處『衣』郭沫若也説是地名，（注一）但我們覺得這似不甚妥。田獵的卜辭記載地名，絕大多數只記載一處，即其田獵之所，極難看到王在一地而田獵又在一地的。這些卜辭都記載王在某處，這些地方當即也是田獵的處所。絕不能説王在一地，而他又往『衣』去田獵。這與卜辭的體例似不相合。而且商王既於『衣』田獵，何不就住在『衣』，而必另住在一個地方，從那裡再往『衣』田獵呢？這於情理似也説不通。我們以爲『衣』在此必不是地名，它與逐連文，當是個動詞。卜辭有云：

『貞：不其衣。』（藏十二、二）

『貞：不其衣，十月。』（庫方四九九）

『乙□卜，炏貞：王其衣入亡巛。』（甲三九一四）

這裏『衣』也皆是動詞。可證『衣』實可作動詞用。從辭意看，『衣』於此也不是祭名，它與逐連文，我們以爲必與捕逐禽獸有關。

現在我們再看□字。此字字形與□實相似。所不同者，□字中間筆畫較衣爲多，但這些筆畫實是可省的。此字又作□，這上半省去兩畫，或又作□，是下半又省去兩畫。由此可知其中間的筆畫增省是無多大關係的。若全省去，即爲衣字。此字在我們上舉的卜辭中，皆是動詞，而卜辭云：『勿□入□。』『勿□歸□。』由辭意推測，此時必不在殷京，而在其『□』之所在地。此字字義既非戰爭，又非耕作，解爲祭祀又不可通，則似亦非田獵不可。這與衣字有捕逐禽獸之義也相符合。□與衣形近義近，當有即係一字之可能。按卜辭云：

『貞：王勿□入。』（徵田六四）

『貞：羽（缺）辰王□入。』（前六、三三、七）

這與前舉『王其衣入亡𡿧』句法完全一樣，更足見□與衣必係一字。

□字之作，有下列各種形狀：

□（藏二三、三），□（前四、三、五），□（前四、十、二），□（前五、十一、二），□（前五、十一、三）。

從字形看，此字之下半很顯然與□、□、□相似，我們以爲當係同類之物，亦即捕獸的網羅。上半之□或□，我們疑心係象驅獸入網之意。此字意蓋爲張網捕獸，我們以爲即是圍。『衣逐』意乃爲圍逐。衣字的本義應爲以網圍獸。因爲以網圍獸與以布帛包裹身體意略近，故假爲衣服之衣。

今包圍字作圍，從此字推考，也可推知衣始義爲圍。説文云：『圍从口，韋聲。』圍當由韋得義。按衣、韋二字古音相同，字可相通。如殷中庸作衣，呂氏春秋作郼。韋字的字義説文云：『相背也。』這是以韋義爲違背，這當是引申義。其始義恐不是如此。我們以爲韋就是包圍的本字。韋甲骨文作□，其字上下爲足，中間之口與邑字所从作之口相同，當係城堡。此字蓋象環城堡而走之形。環城而走，非包圍而何。又韋義爲獸皮，這與衣字引申爲衣裳也相同。由此推溯，也可知韋初義當爲包圍。圍獸謂之衣，圍城謂之韋，二字音既相同，義又相近，因此可以相通。殷稱衣又稱郼，原因即在於此。以後衣字專用爲衣裳之衣，遂以韋爲包圍之韋，再後加口爲圍。又語有『依違』一辭，我們以爲也即源於此。所謂『依違』，意爲兩可。依違就是衣韋，這就因衣、韋二字音義皆同，差別極微。二字可以通用。在用此二字的時候，可用衣，也可用韋。因此兩可之意，便以衣韋爲喻。以後便成爲成語。往後演變，又謂同義爲依爲韙，謂不同義爲違，韙違皆是由韋演變的。由這種考察，衣、韋二字的發展變化甚爲明白，其始義爲包圍，由此可見。

□字王襄釋卒，此字逕釋卒自屬不妥。但我們以爲卒與衣應即一字。小徐本說文云：『卒，隸人給事者衣爲卒。卒，衣有題識者。』若據小徐本，則已明言卒就是衣。從字形講，篆文衣作□，卒作□，相差極微。按卒之初義實也爲捕捉。爾雅釋詁云：『卒、泯、忽、滅、罄、空、畢、罊、殲、拔、殄，盡也。』卒與殲、滅、空、畢同義，可知其義初非爲終盡而爲完全殲滅。其爲終止，係由殲滅引申的。衣爲圍捕，卒爲殲滅，二字義實相同。這與畢爲網獸又爲殲滅完全一樣。卒孳乳爲捽。說文云：『捽，持頭髮也。』按呂氏春秋忠廉篇『（王子慶忌）乃與要離俱涉於江，涉渡也，中江拔劍以刺王子慶忌，王子慶忌捽之投之於江』。又漢書金日磾傳『日磾捽胡投，何羅殿下』。捽義實就是捉，不必一定是『持頭髮』。捽很明顯就是卒字，所以卒義實應爲捉。卒義爲捉必是由『衣』爲圍捕禽獸引申的，而不是由隸人給事者引申的。由此也可知卒必即是衣。

我們既知□爲衣，意爲圍獵禽獸，則我們上列的幾條卜辭便可以解釋。其曰『王勿衣』

『余勿衣』『勿衣』意蓋謂勿圍獵。𠬝與衣爲對文，似應爲耕種。『勿衣歸𠬝』『勿衣入𠬝』蓋謂不圍獵而回去耕種。

『弜𠬝。』（寧三、二三八）

『丁巳（缺）𠬝廿（缺）六匁（缺）。』（甲八七二）

『弜又𠬝丝用。』（坊一、八一）

『其牢又𠬝。』（中邨氏十）

這裏𠬝及又𠬝皆是所用之牲。第一辭『弜𠬝』語例與『弜匁』相同，𠬝當爲所用之牲。第二辭𠬝下有『廿』之數字，下又有六匁，也可知必是用牲。第三第四辭之又𠬝更可明言是用牲了。𠬝爲用牲當爲𠬝牛之省文。

『辛巳貞：曰又𠬝，其告于父丁。』（後上二九、六）

『貞：曰又𠬝，其告于[illegible]。』（師友二、一九八）

『乙巳貞：酌，其古小乙，丝用。曰又𠬝，夕告于上甲，九牛。』（甲七五五）

『□戌卜，又𠬝，其古□王受右。』（佚二五三）

上面所舉的卜辭，『又𠬝』是所用之牲。以此例之，則這裏的又𠬝，意必爲耕種。這必是天子將往耕種，告于祖先。

『丙申貞：王𠬝。』（庫方一八四〇）

『壬子貞：王□。』（庫方一三八七）

『丙（缺）貞：王其□。』（庫方一五九〇）

此處□皆是動詞，語例與『王田』『王其田』相同。意也應爲耕種。

『（缺）□貞：乎（呼）行□□□□。』（前四、十一、一）

這裏行是人名，□是地名。□學者釋从，或釋比。皆屬錯誤。我們以爲這實是偕字的初文，象二人相偕。釋从釋比卜辭意皆不可通。釋偕則無往而不暢然無礙。此辭蓋謂呼行往□于□，□義也當是耕種。

『（缺）□于（缺）入自（缺）□（缺）冓（缺）。』（前六、五八、七）

『（缺）□于（缺）令□。』（梨十七）

此云『□于』語例與『田于』某地相同，□是動詞，義也必爲耕種。第一辭云『入自』可知此時必不在殷京。由此更可推見□義必爲耕種。此辭當爲耕於某地，將回殷京而卜遘雨與否。

『癸未卜，弜□田，其又歲于中己，兹用。』（甲三六三一）

『辛酉卜，貞：弜稻，□禾。』（後下廿、十三）

此言□田□禾，□更非爲耕田、種禾不可。

『貞：□□。』（前六、二三、七）

𢓊商承祚釋牧。果爾，則可於此當爲牛，即可牛之省文。但我們以爲這似不是牧字，牧字甲骨文作牧或𢼄，象手執鞭以驅牛羊之形。又或加止作⿰⿱止牛攴，表示行牧。但無論如何，必皆从攴。因只有从攴，乃能表示驅牧，今𢓊只从行作，而不从攴，只能表示牛行走而不能象驅牧。因此，我們疑心此仍是牛字，而不是牧字。如此說不誤，則本辭『令𢓊可』當謂令用牛耕。

可我們以爲也就是戜字，亦即是鐵字的初文，說文鐵又作銕。可知戜當也就是鐵。說文云：

『戜，利也。一曰：剔也。从戈，呈聲。』

戜義爲何，學者甚少闡述，我們以爲戜義也爲耕種。戜義爲利，利我們前面說過就是犂。剔，我們以爲義也爲耕，說文無剔字。段玉裁謂『剔當作鬄』，他說：

『司馬遷傳鬄毛髮，嬰金鐵受辱。師古，鬄音吐計反。文選作剔毛髮。韓非曰，嬰兒不剔首則腹痛。莊子馬蹄：燒之剔之。剔皆鬄之省也。』（說文鬄字注）

又說：

『或問大雅皇矣攘之剔之何謂也。曰：釋文云字或作鬄。詩本作鬄，譌之則爲鬄，俗之則爲剔，非古有剔字也，又周頌狄彼東南，釋文云，狄韓詩作鬄，除也。鬄亦鬄之譌。』

如段氏之說，古只有鬄字，剔乃鬄字之俗，鬄義爲剃髮，則戜義也當爲剃髮了。

段氏此說實是錯誤的。他對剔字字形的變化未加深考，同時他所說的剔字字義的引申也不符合中國文字字義引申的法則。我國文字的引申有其一定的軌道，引申義是將本義推衍一步。引申義與本義之間，其變化是很自然合理的。如我們上面所說的，利由犂田引申爲銳利和利益。𡑝癹由耕田引申爲引爲坼爲福，都是顯例。按剔字的字義有幾種。詩皇矣『攘之剔之，其檿其柘』。是剔有伐除樹木，墾闢草萊之義。墨子明鬼篇『昔殷王紂……楚毒無罪，刳剔孕婦』。是剔有剖割之義。詩抑『用戒戎作，用逷蠻方』。鄭箋云：『逷當作剔，治也。』是剔又有征討攻伐之義。如依段氏之說，剔爲鬄之省俗，則剔之本義當爲剃髮，試問剃髮能不能引申爲砍伐樹木，闢除草萊，以及剖殺攻伐？這顯然是不可能的。又凡字義引申，必原始義在前，引申義在後，如剔字的始義爲剃髮，引申爲砍伐樹木，墾除草萊，則剔頭刀的發明應在斧鑿及其他的農器之前了，這顯然也不合乎歷史事實。

段氏所以有這種錯誤，很容易看出，主要是因爲說文無剔字而只有鬄字，韓非子及漢書又以剔爲剃髮，故遂以爲鬄、剔皆是鬄字之省俗。殊不知這於理不通。

我們的看法與段氏不同。我們以爲剔字即是易字，說文也無易字，現在說文的易字乃是蜥蜴，而不是難易之易，但典籍中易字卻所見極多，說文本身也有傷、敡等从易作的字，易字有容易、平易、輕易、更易、交易等義。但這都是引申義，何者是其本義，似不易知道。我們以爲易字的初義也爲耕地。

詩甫田『禾易長畝，終善且有』。
孟子梁惠王『省刑罰，薄賦斂，深耕易耨』。
荀子富國篇『裕民則民富，民富則田肥以易』。
詩傳云：『易，治也。』趙岐云：『易耨，芸苗令簡易也。』楊倞云：『易謂耕墾平易。』

這種訓釋自屬不完全正確，但由文意看，易義爲耕種或治地，必無疑問。剔字就是易字。詩皇矣『攘之剔之，其檿其柘』。攘即是襄，義爲耕，引申爲除。這是歌周人開闢岐周的詩。這是說周人砍除樹木，耕墾草萊，剔與攘爲對文，其義也必爲砍除樹木，耕墾草萊，這與易義爲耕地實相同。剔字从易从刀，刀乃是後世增加的。這乃是表示所用的工具其銳利如刀。中國文字中从刀作的字大多是表示這種意思。剔爲俗字，我們以爲實不如段氏所說，由於省髟，而是由於增刀。

又埸字，我們以爲也是易字之變，典籍埸與疆總是連文。如詩信南山『疆埸翼翼，黍稷彧彧』『中田有廬，疆埸有瓜』。但荀子富國篇云：『觀國之治亂臧否，至於疆易而端已見矣。』疆埸作疆易，可知埸易必係一字，埸必是易之變。由埸我們也可推知易義必爲耕，說文也無埸字。按詩公劉云：『篤公劉，匪居匪康，迺埸迺疆，迺積迺倉，迺裹餱糧。』

詩信南山云：

『疆場翼翼，黍稷彧彧，曾孫之穡，以爲酒食。』

又云：

『中田有廬，疆場有瓜，是剥是菹，獻之皇祖。』

這裏的疆場，舊都訓爲田畔。但我們仔細推敲詩意，覺得這樣訓釋，實不無可疑。這幾章詩都是寫耕作良好，作物茂盛，或收穫豐稔的。這裏都將疆場與作物或收穫連寫。我們讀此詩的時候，以疆場爲邊界或田畔，總覺得詩意隔了一層。例如詩信南山云：『疆場翼翼，黍稷彧彧。』這是描寫耕作良好，黍稷彧彧。如謂疆場是田畔，我們覺得詩意便不能相接。因爲田畔無論修理得如何整齊，與田中的作物總無直接的關係，而且田畔又不是耕作的主要部分。將田作非主要又與作物無直接關係的部分與作物茂盛合寫，以形容耕作良好，作詩的手法恐怕不至如此不高明。因此，我們認爲疆場似不能解爲田畔，這應就是田。這兩句詩是説田耕治得很整齊，所種的黍稷非常茂盛。

又詩信南山『中田有廬，疆場有瓜』。鄭玄謂『於畔上種瓜』。這也不正確。田畔上是絕不能種瓜的，這稍有農業常識的人都知道，除了南瓜以外，其餘不論什麽瓜，其種植的土地也必須經過鋤翻以後，纔能栽種。絕不能種在田畔上便可了事。就是南瓜雖可以不種在田裡，但也不能即種在田界上。因爲南瓜也需要壅根，而且無論哪種瓜都有很長的藤蔓，這也絕不是田界所能容納的。即使古代的田界不像現在的窄狹，也絕不能容下多少瓜藤，此處疆場也必不是田畔。只有解作種植作物的田，詩意才可通。這兩句詩也是説田中的作物。『中田有廬』，廬與瓜爲對文，絕不如舊説是廬舍。有人以爲是蘆菔，即現在所謂蘿波，這也是錯誤的。按瓜是夏季作物，蘿波是秋冬作物，不是同時生長的，以廬爲蘿波，詩意也不可通。廬應是以葫蘆爲是，葫蘆是與瓜同時生長的，此時是説田中有廬又有瓜。『疆場』即是田中，兩句用詞不同，只是行文的變化而已。又按詩崧高『王命召伯徹申伯土田』。又云，『王命召伯徹申伯土疆』。這兩句詩詩意一樣，而疆田互用，更可證疆必就是田。

公劉『廼場廼疆』，毛傳謂『脩其疆場』，鄭玄更解爲邰國的疆場。這也是不可通的。按此詩下云：『廼積廼倉，廼裹餱糧。』如『廼場廼疆』爲脩理疆界，則文意不能相屬，至少也隔一層。『廼積廼倉』是謂倉廩貯積豐富，脩理疆界何能使倉廩蓄積豐富？這顯然是難通的。又此詩乃是述公劉遷豳的。公劉遭夏之亂，被迫去邰而徙豳，正是不能保有其疆土，若謂『廼場廼疆』爲脩理邰國的疆界，豈不適與事實相反？因此，我們以爲此處疆場二字必不能解爲脩理疆界。這也必指耕種。這是説公劉勤勞耕種，倉廩豐積，所以當其遷豳的時候，『行者有資，居者有畜』（夏本紀語）。

總之，我們以爲疆場本義實爲耕田，引申而爲田，再引申而爲邊界。疆場就是疆易，易義爲耕田。

又場字我們以爲也是易字的譌變。場字漢唐經師們皆以爲是空地。詩豳風七月『九月築場圃』。傳云：『春夏爲圃，秋冬爲場。』鄭箋云：

『場圃同地，自物生之時，耕治之以種菜茹。至物盡成熟，築堅以爲場。』

又周禮場人疏云：

『場圃連言，場圃同地耳。春夏爲圃，秋冬爲場，其場因圃而爲之，故並言之也。』

這都是說場是兩用的。春夏爲圃，秋冬爲場。此說實是完全錯誤的。我們試稍微思索一下，便可知絕無此理。如鄭孔之說，園圃秋冬築堅爲場，次年春又鋤翻以種蔬菜，殊不知蔬菜所需的土質，必須鬆細，土既築堅以後，就不適宜再種蔬菜。而且蔬菜不僅春夏有，秋冬也有，秋冬的蔬菜還不比春夏少。難道古人只春夏吃蔬菜，秋冬便不吃蔬菜嗎？還有園圃這樣一年一度的築堅，鋤鬆，不但對作物不利，似也太不憚煩了。古代土地空曠，似不需如此罷！何況典籍所述，園圃還有栽種果樹的，難道果木也每年春夏栽植，秋冬伐去不成？由此可知毛傳、鄭箋、孔疏，場圃分釋，以場爲空地實不可信。不過由此也可推知一事，即漢時農家門前必已有這樣一片空場了。

我們以爲場也即是田及園圃，說文云：

『場，祭神道也。一曰：田不耕者。一曰：治穀田也。』

場爲治穀田，可見場就是田。

詩小苑『交交桑扈，率場啄粟』。

詩白駒『皎皎白駒，食我場苗』。

又『皎皎白駒，食我場藿』。

場是種粟種藿種苗之處，更足證場必就是田。又周禮場人云：

『場人掌國之場圃，而樹之果蓏珍異之物，以時斂而藏之。』

墨子天志下云：

『今有人於此，入人之場園，取人之桃李瓜薑者，上得且罰之，衆聞則非之。』

場園、場圃是種植果蓏、桃李、瓜薑的，可知場必就是園圃。

場也爲田及園圃，與場義全同。按場是易聲，而場、易應讀惕，二字聲音也同。場、場二字義同音同，形近。可知必一字之譌。

我們以爲易、剔、場、場等字的演變當是這樣：此字基本上是易字，義爲耕種土地。因爲耕田是用銳利的農器，故後世增刀作剔。又因表示耕田，故增土作場。剔場實皆易之俗字。後易由耕田引申爲剃髮，故又增髟爲鬄爲鬄。場又譌爲場。其字義引申，因耕田裂土，引申爲割剝剖殺，再引申爲攻伐。又因耕田引申爲所耕之田園，由田園又引申爲疆界，其更易、平易、變易、交易，也是由耕田平土及改變土地的形狀而輾轉引申的。

剔就是易，義爲耕，則或字的字義便很清楚了。或義爲利爲剔，必就是耕。秦風駟驖，說文謂驖馬赤黑色。而我們這樣看，驖實非赤黑色馬而應是耕馬。

戜義爲耕，與戠正同。而戜戠又係一聲，二字原即一字，豈不是很可能的。

我們以爲戠戜原即一字，即甲骨文𢦏字。以後因爲在文字發展變化的過程中，筆畫增加不同，遂致字形有異，而成爲兩個字。戜則由甲骨文𢦏、𢧀變而爲金文之𢦜𢦝，再變而爲戠。其變化的情形，甚爲明白。戜則由𢦏變而爲戜及戜。按彝器有𢦏者鐘、鼎、𣪘及𢦏伯鼎諸器。鐘銘云：

『□三月初吉辛卯，𢦏者乍□鐘，用𠣞偁魯□，用妥眉彔，用乍文考宮白𨷻用是保。』

鼎銘云：

『戓者乍旅鼎，用𠣞偁魯□，用妥眉彔，用乍文考宮伯寶隮彝。』

𣪘銘云：

『𢦚者乍宮白寶隮彝。』

𢦟白鼎云：

『𢦟白乍彝。』

前三器作器者皆名『戓者』，又稱文考宮伯，必一人之器。可知𢦏、戓、𢦚即是一字。𢦟伯與𢦏者是否一人，不得而知，但𢦟與𢦏是一字，必無問題。這裏𢦏有𢦏、戓、𢦟、𢦚四種形狀，豈非正很明白地說明了此字演變的情況？可知𢦏必演變而爲戜。

叔夷鐘有𢦏字。很明顯，這也必是戜字。銘辭云：

『朕行師，女肇敏于戎攻。余易女釐都□□，其縣二百。余命女𤔲辝釐邑。□𢦏徒四千爲女（汝）敵寮。乃敢用拜𩒨首，弗敢不對揚朕辟皇君之易（錫）休命。』

𢦏，宋以來學者皆釋國，但釋國不僅字形不合，義也不可通。𢦏很明顯即是戜字。『戜徒』我們以爲即是農夫。這段銘辭是説命叔夷司治『釐邑』，並以『戜徒』四千給其使用。我們説釐邑就是耕邑，『戜徒』與耕邑相連，非農夫而何？按耕田的牛稱之爲犂牛，耕田的農民則稱之爲黎民。耕田的牛既可稱之爲戠牛，耕田的馬又可稱之爲驖，則耕田的農民自亦可以稱之爲戜徒了。戜徒就是農夫，戜義必爲耕種。戜義爲耕種與𠬝戜義皆同，更足證戜必𠬝之演變，也必就是戜。

戜就是戜字的譌變，如鐵字漢齊鐵官印作鐵，漢簡作鐵，（注二）山海經有戜民國，路史國名紀作戜民國。皆足證戜戜即是一字。𠬝演變而爲戜，再變爲戜，可知𠬝必是戜之初文，也即是鐵之初文。𠬝字是鐵字的初文，則殷墟時代已用鐵，必無可疑。

卜辭云：

『癸未卜，貞：商爯𠕋。』（大龜三版）

『貞：勿商𠬝，幸。』（同上）

『貞：勿商綬凵𠬝。』（坊五、三）

商即賞字。殷周之時，賞皆作商或賁。商即是賞，則所賞者必是實物。此云『勿商□』，□當是所賞之物，然則□是什麼呢？此處□似必不是牛。按一二兩辭是對貞的，第一辭卜問賞『爯冊』。『爯冊』是卜辭常見的。冊我們以爲就是旝，是兵器，也是指揮軍隊的旌旗。（詳後）第一辭卜賞爯冊，第二辭似不能卜賞不賞牛。尤其第三辭□更不像是牛。□既不是牛，則應就是鐵。因爲只有□義爲鐵，字義辭義才可通。如我們這種考察不誤，殷已賞賜鐵，則更足證殷墟必已是鐵器時代了。

□字本義是耕種，其字从丅从▽，從字形看，很明顯，這必是兩種農器。丅是有横柄的，當是鋤一類的農器。▽，刃向下，是直刺的，當是鍬一類的農器，這蓋用鋤鍬兩種農器表示耕種。□又是鐵，鐵所以名鐵，可知也必和鑗一樣，是因用這種金屬製這兩種農器的緣故。反過來説，丅和▽必是鐵製的。

按或甲骨文有下列各種形狀：

□（後下、二十、十三），□（前四、十一、二），□（前六、二三、七），□（戩二十、九）。

由這種字形看，我們覺得，也可推知□必是鐵製的。這裏▽、□、丫，很明白的，正説明了這種農器發展的情況。▽顯然是像一鑿形的工具。□、丫則由▽進步而有尖銳的鋒鍔了。由鑿形的工具發展而有尖銳的鋒鍔，則非用金屬製造不可，因爲如不用金屬製造，不可能由鑿形的工具發展成爲尖銳的鋒鍔。由此可知，丫必是鐵製的，丫可能就是我國最早由石器進步爲鐵製造的農器。

注一　卜辭通纂第六六一片考釋

注二　漢晉西陲木簡彙編十八頁第十簡

二　釋鋌

可是或及鐵之初文。由文字講，丫應就是或字所从作之呈。丁與丫是兩種農器，則『呈』義也應爲農器。這是理所必至的。說文云：

『呈，平也。从口，壬聲。』

若依我們的說法，這應是錯的。呈義爲平，應只是引申義，而不是本義。按莊子徐無鬼云：

『郢人堊慢其鼻端若蠅翼，使匠石斲之。匠石運斤成風，聽而斲之，盡堊而鼻不傷。郢人立不失容。』

郢陸氏釋文謂是楚都。但揚雄解難云：

『獿人亡，則匠石輟斤而不敢妄斵。』

很明顯，揚雄此語即係用莊子的典故。由此看來，郢人應就是獿人，郢與獿同義，從文義看，以郢爲楚都也不妥當。服虔漢書音義云：『獿人，古之善塗塈者也。』是郢人也應是『古之善塗塈者』，換句話説，郢義也應爲塗塈。説文有懮字，玉篇作懮，段玉裁謂是獿字，説文云：『懮，墀地也，一曰箸也。』懮義爲墀地，實與郢獿爲塗塈相同。郢與獿懮同義，懮義爲箸。郢義當也爲箸，箸即是鋤。據我們考察，擾、夓與櫌都原系一字，義爲鋤地及鋤。而這種鋤就是Y加横柄而成的。（詳後）郢與懮、獿同義，當然也就是Y。郢顯就是呈，郢乃是呈字的譌變，可知呈必就是Y。呈之始實義爲農器及鋤地，其義爲平，蓋由鋤地引申的，這與易義爲治地，夷義爲除草，引申爲平一樣。

我們以爲壬以及梃、挺、侹、綎等字也都是由呈輾轉譌變的。説文云：

『壬，善也。从人士，士事也。一曰象物出地挺生也。』

很明顯，這於壬字的字形字義皆未説清楚。按説文郢又省作𨛜，由此可知呈實可省作壬，又呈壬一聲，壬爲呈之省，實是很可能的。

梃、挺、侹、綎等字皆从廷作，廷聲。這幾個字似皆由廷孳乳的。但我們從字義考察，覺得這實有難通。説文云：

『梃，一枚也』

『挺，拔也。』

『侹，長皃。一曰：箸地。一曰：代也。』

『鋌，銅鐵樸也。』

若梃、挺、侹、鋌等字是由廷演變，也即加偏旁而成的，則諸字的字義也應由廷引申。按說文云：『廷，朝中也。』金器銘辭也每言『立中廷』。廷義實爲宮廷。廷義爲宮廷，何能引申爲『一枚』『拔』『長皃』『箸地』及『銅鐵樸』呢？這是必不可能的，因此，我們疑心梃、挺、侹、鋌等字必不是由廷演變的。

我們以爲梃、挺、侹、鋌等字也皆由呈譌變的。考挺、鋌義與呈、逞相同。廣雅釋詁云：『呈，解也。』方言云：『逞，解也。』隱公九年左傳『先者見獲必務進，進而遇覆必速奔，後者不救，則無繼矣。乃可以逞。』杜云：『逞，解也。』又論語鄉黨『逞顏色，怡怡如也』。逞義也爲解。呈、逞義同，呈、逞即是一字，逞乃呈之變。按枚乘七發云：

『雖有金石之堅，猶將銷鑠而挺解也。』

是挺義也爲解。又月令：

『仲夏之月……挺重囚，益其食。』

鄭玄云：『挺，猶寬也。』高誘云：『挺，緩也。』挺義爲寬緩也就是解（注一）可知挺與呈逞義實相同。

又逞義爲疾。廣雅釋詁云：『逞，疾也。』方言云：『逞，疾也。楚曰逞。』説文云：『楚謂疾行爲逞。』按鋌義也爲疾。文公七年左傳：『鋌而走險，急何能擇。』杜云：『鋌，疾走貌。』是鋌義也是與呈、逞相同。又呈、逞、挺、鋌古音同在十一部，是音又相同。挺、鋌與呈、逞義同音同，我們以爲當係一字之變。這種變化可能有兩種情形：一是因逞、廷一聲，假廷爲逞，又由廷變而爲梃、挺、侹、鋌。一則即由呈譌變的，即呈變而爲逞，逞又譌省而爲廷。因廷與逞形近，遂致相亂。不論哪一種情形，廷是呈及逞之譌，依然是相同的。

既知梃、挺、侹、鋌等字皆係呈字的譌變，則呈原義爲農器、爲鋤地，更屬可信。説文云：『侹，長皃。一曰：箸地。』箸地就是鋤地。是侹義必爲鋤及鋤地。侹是呈字的譌變，足知呈必是鋤。這與郢義爲鋤正相符合。又梃義爲一，挺義爲拔。我們以爲這也因呈爲農器而引申的。梃義爲一，與特相同。我們説特始義爲耕牛及耕植，何以又爲一呢？我們以爲這就因爲特是一件農器或一個人耕作的緣故。因爲特是一個人耕作，故引申而爲一。梃義爲一，即與此相同。據我們考察，我國文字中獨、特、奇、偶等抽象字義都是由農業勞動的情況引申的。挺義爲拔，拔就是直。這與直、置、植義相同。這都是直立之意。這種字義也都是由刺土引申的。這由置植義爲刺，爲種植，又爲直立，便可推見。

説文云：『鋌，銅鐵樸也。』淮南子修務訓『苗山之鋌（今本作鋋），羊頭之銷雖水斷龍舟，陸剸兕甲，莫之服帶。』許慎注云：『鋌，銅鐵樸也。銷生鐵也。』（注二）鋌能水斷龍舟，陸斷兕甲，必爲鐵無疑。又塩鐵論殊路篇：『於越之鋌不厲，匹夫賤之。』鋌也是鐵。據此，是鐵又名鋌。鐵何以又稱爲鋌呢？我們以爲這即因以鐵製造『呈』這種農器的緣故。這就是因爲以鐵製造『呈』這種農器，所以就以這種農器之名名這種金屬。呈字譌變則爲鋌。我們説呈就是丫，丫是鐵製的，這豈非又是個證據。

許慎謂銷是生鐵，是鐵又稱爲銷，鐵何以又名銷呢？我們以爲這也必因『削』這種工具是鐵製的緣故。據我們看，削、銷、消、趙等字應是一系的字，也即是一字的演變。考工記云：『築氏爲削。』削乃是工具。由『削』之工具引申爲刻削，此即説文所謂：『削，析也。』詩良耜『其鎛斯趙』，傳云：『趙，刺也。』趙字當也是削字的譌變，其義是由削引申的。説文云：『趙，趍趙也。』又云：『趍趙，久也。』趙義爲久，不可能引申爲刺。又消滅也必是削之引申，這就由削引申爲削去，由削去引申爲消滅。銷就是削，可知鐵名爲銷，必因以之製削之故。這不但證明鐵是由其所製造的工具而得名，也可證明削這種工具必是鐵製的。

丫，我們以爲也是銍字的初文。

説文云：『銍，穫禾短鎌也。从金，至聲。』自來學者大概多謂銍是刈禾的鎌刀。説文謂銍是穫禾的短鎌，我們推測，大概是根據詩臣工及良耜傳的。詩臣工傳云：『銍，穫也。』良耜傳云：『挃挃，穫聲也。』大概許氏知道銍是農器，而詩傳又謂銍義爲穫，挃挃是穫聲，所以他便合二義爲一，謂銍是穫禾的鎌刀。

但，我們對臣工之詩稍加推敲，便可知詩傳訓銍爲穫，實屬不確。不論以銍爲穫或穫禾短鐮與詩義皆不合。詩云：『命我衆人，庤乃錢鎛，奄觀銍艾。』這裏所用的農器是錢與鎛。詩傳云：『錢，銚也。』釋名云：『鎛亦鋤類也。』按銚鋤都係掘土種植的農器，而不是刈割的刀。錢鎛都是掘土種植的農器，何能用以刈禾呢？由此可知銍、艾二字義必不是穫。詩傳之說顯然錯誤。由詩義看，銍、艾義當爲耕種。這是說命衆人準備銚鋤，前往種田。銍義爲耕種，則銍必是掘土耕種的農器，耕種是其引申義。

銍是耕種的農器，其字从『至』作，從文字上講，『至』當就是農器，从金乃後世所加，表示這種農器是金屬製作的。

這還可以由其他从『至』作的字來推考。

詩小雅甫田：『倬彼甫田，歲取十千。』傳云：『倬，明貌。』按韓詩倬作菿。（注三）說文云：『菿，火草也。』若以菿爲火草，詩義不可通。於此菿義必不是火草，我們以爲菿義也爲耕種。按莊子外物篇云：

『春雨日時，草木怒生，銚鎒於是乎始修。草木之到植者過半而不知其然。』

『到植』司馬彪謂『鋤拔反之，更生者曰到植』。這顯然是不通之論。草木鋤拔之後，即枯死，何能再生？而且這樣解釋與文義也不相合。從文義看，這段話乃是說農夫乘春暖時雨而耕種。我們以爲『到植』義必爲種植。這是說春日天氣既暖，雨水一降，草木便迅速地生長，農夫們便修理銚鎒，乘時耕種。到義爲耕種，知韓詩之菿必就是到，義爲耕種。『菿彼甫田』即種彼甫田，詩義甚爲明白。

菿毛詩作倬，我們疑心倬之本義也是耕種。按釋文云：『倬，韓詩作菿，音同，云卓也。』據此，則倬、菿不僅音同，義也相同。我們疑心卓也是農器。从卓作的字有倬、焯、淖、棹、踔、趠等字。從字形看，這必都是一字的演變。也即是所加的偏旁不同而已。其字應也是由卓一字引申的。說文云：

『卓，高也。』

『倬，箸大也。』詩傳云：『倬，明也。』

『焯，明也。』

『淖，泥也。』

『掉，搖也。』

『踔，踶也。』

『趠，遠也。』

若卓之本義爲高，不可能有這許多引申義，怎樣引申的，也無法解釋。若卓爲農器、爲工具，則這種引申義便可解釋無礙。

按卓有獨立之義。論語子罕云：『如有所立卓爾。』說苑君道篇云：『踔然獨立。』踔即是卓。此字說文作𥫢。說文云：『𥫢，特止也。』徐鉉云：『特止，卓立也。』段玉裁云：『如有所立卓爾，當用此字。』卓義爲特止，特就是戠，我們以爲『卓』最初可能就是干或丫這種農器。『卓立』『立卓』『卓然獨立』，皆是比喻之詞，義爲如『卓』之立。又焯字說文謂義爲明。但此字義又與契、灼相同。契龜灼龜，說文作焯龜。我們以爲『焯』原就與契是同一種工具。（詳後）我們疑心『卓』實就是丫，是農器，也是契刀。以後許多字義皆是由這兩種工具引申的。卓義爲獨立是因用丫一種農器耕作引申的，與特引申爲特立一樣。淖義爲泥，也是由『卓』義爲耕種引申的，與襄義爲耕，引申爲土壤一樣。踔、趠義爲跳躍則係假借。這乃因跳躍與用『卓』掘土起落相似的緣故。跳躍又稱卓起，原因也即在此。掉義爲動，自也由『卓』義爲耕作而引申的。卓義爲高，似由特立和跳躍兩種字義引申的。卓義爲高，有兩種含義：一義爲特立一群，這當由特立引申的。一義爲高大、高遠，如詩云漢『倬彼云漢』之倬，這大概是由跳躍引申的。倬、焯義爲明，乃由以『卓』燃火灼龜引申的。與灼義爲灼龜，引申爲明一樣。

『卓』是農器，義又爲耕種，『倬彼甫田』即是種彼甫田。詩義甚爲明白。詩傳訓倬爲明，乃是卓字的別一引申義，自屬錯誤。『卓』義爲耕種，『到』義與之相同，可知『到』義必爲耕種。

『到』義爲耕種，足知『至』定是農器。銍與到原應即一字，後因所加的偏旁不同，遂分而爲二。這與剞又作錡，契作鍥又作㓞一樣。

从『至』作的字又有㨖及挃字。方言云：『㨖，到也。』廣雅釋詁云：『㨖，至也。』㨖與到、至同義。按説文云：『㨖，刺也。』甘泉賦：『洪臺崛其獨出兮㨖北極之嶟嶟。』㨖義實爲刺。廣雅譯詁云：『挃，刺也。』淮南子兵略訓：『夫五指之更彈，不若捲手之一挃。』高誘云：『挃，擣也。』是挃義也爲刺。挃義爲刺，與㨖相同。從字形看，很明顯，㨖、挃當是一字之變。㨖、挃義爲刺，義又與到、至相同，將這幾個字聯繫起來看，其義爲刺，當也是由耕田刺土引申的。詩良耜『穫之挃挃』，釋名器用引作銍銍。可知挃就是銍，此更足證㨖、挃義爲刺是由耕田刺土引申的。銍、到、挃、㨖，都是一字之演變。

由上所述，『至』爲農器，似無可疑。但『至』何以是農器呢？至，甲骨文、金文皆作，篆文作。説文謂至是象飛鳥着地，近人謂象矢着地。由字形言，不論象飛鳥着地或象矢着地，總必不是象農器之形。而字義不論飛鳥着地或矢着地也不可能引申爲農器或耕種。所以以『至』爲農器和耕種，似又不可通。

我們疑心這中間蓋有譌誤。我們以爲銍、到、挃、㨖等字所从作之『至』，與義爲到達的至字實原非一字。是因筆畫的譌誤而致字形相同的。這兩個字不僅形義不同，字聲也不相同。至音脂利切。銍玉篇音知栗切，釋文音珍栗反，讀若質，與至音似相同。但从至作的字還有垤及絰字，這也是至聲。詩東山『鸛鳴于垤』，釋文云：『垤田莭反。』玉篇音徒結切。又絰字也音从節切。此外又有窒字，徐鉉音陟栗切。按莊公十九年左傳『（鬻拳）亦自殺也，而葬於絰皇』。而宣公十四年左傳云：『屨及於窒皇。』是窒絰音同，窒也應音从節切。我們以爲銍、到、桎、絰、挃、垤、窒都是一系的，皆由『至』得聲。垤、絰、窒既音徒結切，則銍必音徒結切。這與至音脂利切顯然不同。銍、桎、挃等字後世讀聲所以略與至相近，乃因質部、職部、德部字古音相同而譌轉的。這由戠音特，應屬德部而後世讀織，織聲屬職部便可知道。質職與至音實不相同。銍所从作之『至』與義爲到達之至字，音義皆不相同，其非一字，必無可疑。

我們以爲銍、到所从作之至乃是𡉀字的譌變，換句話說，也就是由ㄚ演變而來的。ㄚ演變而爲金文的𡉀。由𡉀一方面變爲呈及呈，另一方面則又因𡉀『至』形近，譌變爲『至』。按秦風駟驖，漢書地理志作四載。山海經戜民國，玉篇作戜民國。鐵漢簡有作鐵者（注四），顏元孫干祿字書也說鐵又作鐵。可知呈、至二字自來就易相亂。

『至』就是ㄚ，則此字的發展變化，便明白可見。『至』是農器，孳乳爲銍、到、桎、挃、挃、絰、垤、窒等字。其字義由田器引申爲耕種及刺。大概因爲桎梏之桎形狀與農器之『至』相似，故假爲桎。又因掘土成堆，故又引申爲垤。説文謂垤爲螘封，這是不正確的。詩東山『鸛鳴于垤』，恐怕絶没有這樣大的螞蟻塚。垤自是土丘。又因掘土塞穴，故又引申爲窒。到、挃又有到達之義，蓋因字从至作，與至相亂而致誤。

釋名云：『銍，穫禾鐵也。』是銍也是鐵。劉熙謂銍是穫禾鐵，這是不正確的。鐵有穫禾鐵，難道還有專爲穫禾用的鐵，或別有非穫禾的鐵不成？這在道理上是說不通的。銍應就是鐵，無所謂『穫禾的鐵』。劉熙所以如此訓釋，大概是他將銍字的字義合在一起的緣故。銍本義爲鐵，而另一方面，漢代的經師們又都訓銍爲穫禾，這一點他又不能不牽就，所以他將二義合而爲一，他不知道這是不可通的。銍是ㄚ這種農器，同時又是鐵，這豈不很明顯，ㄚ這種工具必是鐵製的。鐵所以又名銍，也必因製造ㄚ這種工具的緣故。銍、鐵聲音完全相同，可知鐵也必是由ㄚ得聲的。

注一　參看王念孫廣雅疏證釋詁下

注二　文選張協七命注引

注三　䥈今本作釣。按玉篇引韓詩說作䥈，今本應誤。

注四　見漢晉西陲木簡彙編廿五頁第九簡

三　釋弋

可从丰作，丰無疑的，也必是農器。

干學者皆釋戈。釋戈自屬正確。不僅金文和篆文，甲骨文也就有作𢦏的了。這顯是戈字。

但我們覺得，這也應是弋字。換句話說，弋與戈實原即一字。從字形看，干爲弋甚爲明白，從字義看，干也必是弋。卜辭云：

『甲寅卜，王勿乎（呼）干罟。』（梨六二七）

『（缺）干罟、亘𢦏。』（前七、十三、一）

『淒虎（缺）干虎。』（梨六四二）

『王其乎干，𡆥虎，㝵彔牛。』（粹九八七）

『（缺）卜，叀䆿，（缺）隹虎干或（缺）亡𢦏。』（同上）

『甲午卜，貞：乎𡗗尹干𡆥。』（龜一、二六、十八）

這都是捕獵的卜辭，干於此都是動詞，若釋戈絶不可通，此非是弋獵的弋字不可。罟，王國維釋䍡。爾雅釋器云，彘罟謂之䍡。此字象張網捕豕之形，甚爲明白。『干罟』當是弋捕野豬。

卜辭又云：

『己巳卜，㱿貞：𢀛方弗允干。』（前七、三四、三）

『癸巳卜，𢦏貞：乎干。』（後下八、十）

這是戰爭的卜辭。壬釋戈也不通。此處壬義爲攻伐，也必是弋。書多士云：『非我小國敢弋殷命。』僞孔傳云：『弋，取也。』弋義當爲攻取。弋原義爲攻，引申爲攻取。

弋射之弋說文作隿，而弋又別爲一字，然典籍皆作弋。今證之甲骨文，可見說文弋、隿分爲二字，實爲不確。弋射本字實應作弋，隿乃是後起字。

弋，或又以爲是掛物、繫牛、繫船的木樁。說文云：

『弋，橜也。象折木衺鋭著形，从厂，象物挂之也。』

又云：

『橜，弋也。』

又云：

『樴，弋也。』

爾雅釋宮云：

『樴謂之杙，在墻者謂之楎。』

周禮牛人鄭玄注云：

『樴謂之杙，可以繫牛。』

史記西南夷列傳正義引崔浩云：

『牂牁，繫船杙也。』

這也是不正確的。弋字形決不象木樁，而字義卜辭弋訓木樁也不可通。我們以爲弋爲木樁必是假借，而不是其本義。

干是兵器，我們以爲也是農器，這由甲骨文从干作的字很容易地可以推見。甲骨文从干作的字有伐、戔、𢦏、𢧁等字。這些字無一不是義爲兵器攻戰又是農器及農作。說文云：「伐，擊也。从人，持戈。」廣雅釋詁云：「伐，殺也。」甲骨文伐作𢦏，實象以戈殺人之形，說文謂「从人，持戈」恐屬不確。伐義爲殺，但另有一方面，伐木、掘地也稱爲伐。如詩伐檀「坎坎伐檀兮，置之河之干兮」。說文「五寸爲伐，二伐爲耦」。伐義爲殺人，又爲伐木掘地，可知弋必既是兵器，又是農器。

甲文𢦔，很明顯，就是戔字。戔卜辭都以爲攻戰字。

「（缺）登，人三千乎戔。」（前六、三八、四）

「貞：勿戔𢀛方。」（龜二、五、十四）

這無疑的必就是說文之戔字，也就是殘字。其字从二戈，我們以爲當是表示加重字義的。干義爲攻擊，二干則表示進一步殘滅。羅振玉謂象二戈相向，表示「兵刃相接」是「戰之初文」，似不可信。

戔，我們以爲應也是錢及剗字的初文。這由字形明白可見。說文云：「錢，銚也，古田器。」詩臣工「庤乃錢鎛」。傳云：「錢，銚也。」錢是田器，戔必就是田器。詩傳及說文皆謂錢是銚，這實是不甚正確的。銚乃是臿，也即是鏵鍫，是直刺的農器。而錢從字形看，乃是橫掘的農器，當是鋤，二者是不同的。

廣雅釋詁云：『剗，削也。』這與殘義實相同。戰國策齊策『剗而類，破吾家』。高誘云：『剗，滅也。』又呂氏春秋觀世篇云：『彊者勝弱，衆者暴寡，以兵相剗，不得休息。』剗顯然就是殘。但另一方面，剗又是農業勞作字。詩甘棠『蔽芾甘棠，勿翦勿伐』。翦義爲伐除。但翦韓詩作剗，是剗也有伐除草木之義。由此以推，也可知戔必爲農器，也即壬必是農器。

說文無剗字，王念孫、段玉裁皆謂鏟就是剗。這當因剗鏟一聲而假借的。段玉裁謂剗是鏟之俗字。我們覺得恐不如此。我們以爲這當是假鏟爲剗的。

說文云：『鏟，鏶也。一曰：平鐵。』又云：『鏶，鍱也。』鏶鍱是什麼，自來講文字者皆沒有明確的解釋，我們現在也不知道。但照說文這三字的訓釋看起來，鏟、鏶、鍱，三者當即是一物。按玉篇云：『鍱，鐵鍱也。』是鍱是鐵器。又集韻有鐷字，云：『鋌也。』鐷顯然就是鍱，我們說鋌也是鐵。由此推察，鍱似就是鐵。鍱是鐵，則鏶、鏟應也是鐵。說文謂鏟是『平鐵』。段玉裁說『謂以剛鐵削平柔鐵』，照我們的看法，其說似屬不確。照我們這樣推論，鏟實應就是鐵而不是鏟平柔鐵。我們疑心說文謂鏟爲『平鐵』，乃因許慎已不甚瞭解鏟、鏶等字的字義，而將鏟字的兩種字義合而爲一的。即鏟有鏟平及鐵二義，他將其合在一起，猶之銍有穫禾及鐵二義，釋名訓爲穫禾鐵一樣。如我們這種考察不誤，則鐵似又名爲銍，鐵何以又名銍呢？這當𢦏是鐵製造的。銍是由所製造的工具而得名的。

說文云：『𢦏，傷也。从戈才聲。』卜辭𢦏習見的有兩種字義：一是與災同義，卜辭記田獵，每云『往來亡𢦏』。二是義爲攻伐。如：

『（缺）卜，㱿貞：□其𢦏雀。』（藏一、二）

『□弗𢦏周，十二月。』（藏二六、一）

『乙（缺）㱿貞：弗其𢦏亘方。』（庫方六〇四）

『丙午卜，沐貞：翌丁未子啇𢦏亘方。』（粹一一七四）

由此可知，𢦏之本義當爲攻伐，因戰爭殺傷引申爲傷。卜辭『往來亡𢦏』，𢦏義我們以爲應就是傷，而不是一般的災。此蓋謂田獵的時候，沒有受傷。

𢦏，我們以爲義也爲種植。這就是栽的本字。甲骨文𢦏作□、□、□等形，說文謂𢦏『从戈才聲』，𢦏似乎是個形聲字，才、□、□都只是表聲的。但我們覺得，這樣解釋是否正確，不無可疑。𢦏从才，自可以勉強這樣解釋，但其字又从□及□。□、□，尤其□，是否就讀才聲，恐猶難信。因此，若說□、□也都只是表聲的，似不十分確切。我們以爲𢦏仍是會意字。从才乃表示栽種。甲骨文中（才）我們以爲其始義即爲栽，其字是由□演變的。□就是臿，是種植的農器，□演變而爲中，乃表示以臿刺土之義，（詳後）自即是栽臿。卜辭假爲在字。𢦏字从𡈼从屮，蓋表示用𡈼這種農器栽種。其又从屮或𣎳，屮是草，𣎳是樹條，乃表示種植草木，後世加木則爲栽。

𢦔，説文云：『絶也。一曰田器。古文。』這已明白説𢦔是兵器又是農器，𢦔義爲絶，顯與殲同義，𢦔當就是殲字的初文。卜辭云：

『庚寅卜，賓貞：𢦔㞢𡿧。』（明二〇四）

這是田獵的卜辭，𢦔義必爲殲滅。『𢦔㞢𡿧』，蓋謂殲獸有擒獲。卜辭又云：

『辛未貞：王令乚𢦔于畝。』（明四九八）

這不像是田獵的卜辭，也不是戰爭。𢦔於此是一不接物動詞，畝是地名，𢦔義似爲耕種，此蓋令人往畝耕種。又卜辭云：

『（缺）卜，囗，令多農𢦔𢦏。』（前四、十、三）

此云：『令多農𢦔𢦏。』𢦔𢦏義非爲耕種不可，此不僅證明𢦔義爲耕種，𢦏義爲耕種也由此可見。

説文謂𢦔是『田器』『古文』。𢦔與殲音同義同，形也可知殲是𢦔之變，很明顯，𢦔必是殲字的『古文』。廣雅釋詁云：『殲謂之鏟。』是𢦔就是鏟，前面我們説鏟就是戔，也即𡈼是鏟。現在𢦔也是鏟，也即𡈼是鏟，二者正完全符合。𡈼爲農器之鏟，必無可疑。不過，古代的鏟和現在所謂鏟似不相同。現在的鏟是直柄，與鍬相似，古代的鏟當是橫掘的，與鋤相同。這乃是古今農器名稱的變異。

説文有鐵字，云：『鐵，鐵器也。一曰：鑴也。』從文字上講，鐵應就是𢧜及𢦏。鐵是鐵器，似𢦏也是鐵製的。

由上面的考察，可知最初既是兵器又是農器無疑。是从从作，這是兩種農器，由此也可以肯定。這兩種農器也必是鐵製的。

這裏還有一個問題似需要討論一下。即弋如何得義和戈如何起源的。

甲骨文是戈，這是絶無問題的。同時是弋，我們從字形和字義看，也絶無可疑。但這裏有一個問題，就是弋字的字形與其字義不相符合。弋，自來皆謂繳射。

『隿，繳射飛鳥也。』（説文）

『弋，繳射也。』（詩女曰雞鳴鄭箋）

『弋，繳射飛也。』（呂氏春秋季春紀高誘注）

典籍也都以弋爲射鳥。如：

『子釣而不綱，弋不射宿。』（論語述而）

『弋鳧與雁。』（詩女曰雞鳴）

『荊莊王好周遊田獵，馳騁弋射。』（呂氏春秋情慾篇）

可知弋實爲射。所謂弋射是用矰繳射鳥。説文云：

『矰，隿射矢也。』

『繁，生絲縷也。謂縷繫矰矢而以隿射也。』

『磻以石箸隿繳也。』

是矰繳的形制是矰尾端繫一繩，稱之爲繳，繩的另一端又繫一石，稱之爲磻。弋即用這樣的矰矢射飛鳥。但，我們從弋字的字形看，顯然與此不同，弋當就是戈，以戈射飛鳥，顯然絕不可能。所以這二者——字形與字義——之間，顯相抵觸。

這種矛盾是怎樣發生的呢？我們以爲這種矛盾之發生，蓋由於戈源於矰的緣故。換句話説，就是戈乃是矰加柄而成的。矰，舊都釋爲矢。但我們從其形制看，矰與矢絕不是一物。我們以爲矰乃是後世所謂鏢鎗，也就是所謂飛鏢。這種鏢鎗是用手投擲的。可以擊獸，也可以擊鳥。鏢鎗的尾部繫有繩石，即所謂繳及磻。繳、磻的作用，舊都以爲是纏繫鳥翼。這種作用是可能有的。但我們覺得，最初繳磻的作用恐還不在此。我們以爲矰尾繫一繳磻，最初主要的目的蓋欲使投擲的時候，矰可比較穩定，方向可更爲準確。這裏鏢鎗最早是用手投擲的，以後才用弩機發射。戈就是這種鏢鎗加柄而成的。

甲骨文戈有作[甲骨文字形]、[甲骨文字形]等形者。在卜辭中，其用法與字義也與弋相同。

『丁丑卜，[甲骨文字形]羅。』（庫方一〇一四）

『丁丑卜，今日[甲骨文字形]羅。』（同上）

『其𢦏口方。』（後上二二、一）

『甲辰卜，雀𢦏𢦏侯。甲辰卜，𢦏侯𢦏雀。』（佚六〇四）

『（缺）方出從北土、弗𢦏北土。』（粹三六六）

戈又作𢦏，『内』的尾部皆繫有繩，這與繒繳的繳磻豈不很相同。這種情形，商器上所刻的戈，看得更爲清楚。

由這些字形看，很明白地可以看出，戈的『内』尾所繫的與繒尾所繫的繳磻相同。我們説戈就是由繒加柄而成的，似非無據。

戈是由繒演變而來的，則弋義爲繳射便不難瞭解。這就是繒與戈本是一物，弋義爲繳射，係用其原義，也就是未加柄時的原義。這不僅弋射字義如此用法，即弋假爲掛物、繫牛、繫船的木樁，乃至鐵𢦔假爲櫼、楔，都是一樣。

戈是用『内』安柄的，是用繩纏綁在柄上。我們説戈最初也是農器，是與鋤相同的。由此推測，我國最早的鋤也必是用繩纏柄的。

四　釋銕

說文云：『古文鐵，从夷。』鐵何以又从夷作？照我國文字的構造講，這不外兩種原因：

一、銕是由夷得聲得義。換句話說，夷原就是銕字，从金乃後世所加的，表示『夷』是金屬。

二、『夷』只是表聲的。按銕字的讀音並不是夷聲而仍讀鐵，是夷必不是只是表聲的，所以第二種理由似不能成立。銕之从夷作，當因由夷得義。

夷字的字義甚爲複雜，它有東夷、平、易、傷、滅等義，何者是其本義，似不易確指。說文云：『夷，平也。从大，从弓。東方之人也。』

經師們釋經也多訓夷爲平爲易。如詩節南山：『式夷式已，無小人殆。』傳云：『夷，平也。』又『君子如夷，惡怒是違』。傳云：『夷，易也。』又爾雅釋詁云：『夷，易也。』但平、易是否就是夷字的本義，夷義何以爲平爲易又爲東夷，仍不能得知。

段玉裁謂說文夷，乃『淺人所改』，而改說文爲『夷東方之人也，从大，从弓』。刪去『平也』二字。若如段氏之說，則夷字的本義當爲東夷。但段氏這種解釋是否可信，亦屬疑問。東夷之夷甲骨文、金文皆作，即是人字，根本就不是从大从弓，而且經傳中夷字確有平等義。即使說文『夷，平也』，如段氏所說是淺人所改，經傳夷義爲平，未必也是淺人所改。段氏之説實仍未能説明夷字的本義及夷義爲平爲易之故。

我們以爲東夷之夷與銕字所从之夷實原非一字。東夷之夷，原爲甲骨文及金文之乁，其作夷乃是後世的譌誤。而銕字所从作之夷，也即是訓平、訓易、訓傷、訓滅之夷，則係別爲一字，乃是農器。因爲後世二字混而爲一，又不知其來源，所以便不得其解。

國語齊語云：

『美金以鑄劍戟，試諸狗馬；惡金以鑄鉏夷斤斸，試諸壤土。』

據此，可知夷是農器。周禮稻人云：

『凡稼澤，夏以水殄草而芟夷之。』

薙氏云：

『薙氏掌殺草，夏日至而夷之。』

又隱公六年左傳云：

『如農夫之務去草焉，芟夷蘊崇之。』經傳多以夷爲除草，由此也可知夷必爲農器。這就是夷是除草的農器，作爲動詞用則爲鋤草。猶之犂本是農器，作爲動詞則爲犂田。夷是農器是很明白的。夷是農器，用以除草平地，所以引申爲平爲易。

夷又有殺傷、夷滅等義，韋昭云：『夷，傷也。』（注一）廣雅釋詁云：『夷，滅也。』詩出車：『赫赫南仲，玁狁于夷。』夷義爲傷爲滅，乃是由『夷』爲兵器引申的。這仍是因爲古代兵器與農器不分的緣故。

夷是農器，於是銕字从夷作便也就可以瞭解。這必是因『夷』這種農器是鐵製的，因而就以其所製造的農器之名名這種金屬。夷字應就是銕字。後世因其是金屬，所以加金旁而成銕字。

不過，這裏還有一個問題，就是夷是農器，這種農器是什麼形狀，從字形上無法推見。大凡工具字都是象形的，否則便只是假聲。甲骨文金文夷方、淮夷之夷作，説文謂夷『从大，从弓』，皆不是農器。若説是假聲，似也不合理。因爲如果是假聲，則其字出現必比較晚，這種工具之發生也應很晚。但銕字説文謂是古文，而『夷』這種農器出現也頗早，所以，説夷是假聲是與理不合的。這兩種解釋皆不可通，我們不得不懷疑夷字或爲譌誤。

段玉裁謂銕字所从作之夷『蓋弟之譌』。我們以爲這實屬可信。弟、夷二字形極相近，自來就易相亂，而且夷與鐵聲音不同，而銻、鐵則係一聲，銕應當爲銻。

説文云：

『銻，鎕銻也。从金。弟聲。』

又於鎕字云：

『鎕，鎕銻，火齊。』

是銻就是鎕銻。鎕銻許氏謂是火齊。後世徐鍇、段玉裁注説文皆謂火齊是珠，而徐鉉則謂火齊『如珠』，按班固西京賦云：『翡翠火齊，流耀含英。』是鐣銻是珠或與珠相類的東西。但説文厂部又有厗字。云：

『厗，唐厗，石也。』

玉篇云：

『厗，唐厗石。又古銻字。』

唐厗與鐣銻聲音全同，而厗又是古銻字，很顯然，唐厗必就是鐣銻。據此，則鐣銻實是石而不是珠。我們以爲鐣銻、唐厗即是鐵及鐵礦石。鐣銻、唐厗正是鐵及銻字的反切。藝術叢編著錄鐵苗一件，題爲『唐銕苗』（注二），足証鐣銻必爲鐵無疑。説文謂鐣銻爲火齊，這當是鐣銻的別一種字義。

銕應爲銻，則『夷』爲何種農器及其得名之由，也就可得而解。玉篇謂銻之古文作厗，我們若將厗字還原，則應作[厂丫]，从厂从丫。按丫就是剞劂，剞劂是刻鏤的刀，同樣也是農器。（詳後）實也就是丫。是『夷』與剞劂、銍即是同一種工具，或者相類的工具。我們説丫是鐵製的，鐵、銍即由此得名，『夷』與丫既然是同一種農器，則『夷』也必由此而得名，『夷』也必是鐵製的。我們由鐵及銍字推考，發現我國最早的鐵製農器是丫，今由銕字推考，也得到同樣的結論，我們由不同的起點、不同的途徑推考，而所得的結論完全相同，這必不能説是偶然。丫這種農器是鐵製的，當可肯定無疑。而殷墟時代已使用鐵器，也由此可見。

由此又有一個問題必然會發生的，即厗是否就是兄弟的弟字。玉篇謂厗是古銻字，銻應就是弟，从金當是後世所增加的。依理厗應就是兄弟的弟字。

說文無兄弟的弟字。說文於弟字云：

『弟韋束之次弟也……从古文韋省。』

這乃是次第之第，而不是兄弟之弟。段玉裁謂兄弟之弟乃次弟之引申。（注三）這種說法我們以爲實不可信。這與理不合。若依說文及段氏之說，則弟字之發生爲時必甚晚。說文謂弟爲『韋束之次弟』又『从古文韋省』，果若如此，則弟字的形與義皆由韋字演變而來。按韋字，我們說其初義係爲圍城，即是圍字的初文，以後引申爲獸皮及束物。若弟又由束物引申而改變其字形，則爲時必更晚。如兄弟之弟更由次第引申，則爲時當蓋在後。這與事實便完全不符。甲骨文已有兄字，既有兄則必有弟，既有兄弟，則必有表示兄弟的字，絕不能等到由韋字輾轉引申。由此可知段氏之說實不足據。

金文弟字作，及，與篆文没有多少分別。但此字何以作爲兄弟之弟仍無法解釋。

我們以爲厗字可能原就是兄弟的弟字。說文云：

『厗，唐厗，石也。从厂，屖省聲。』

厗是屖省，則厗應原即屖字。說文又有徲字，音杜兮切，與厗相同。而其字廣韻作徲。又玉篇有漽字，云：『大兮切，研未槌。亦作漽。』其字廣韻又作樨。可知厗、屖、犀實一字之變。

　　屖字的字義，説文云：

『屖，屖遟也。』

屖遟即是栖遟。但恐是引申義而不是始義。我們從字形推考，覺得屖字的始義也爲耕種。按从屖作的字有稺字，稺字的字義説文謂是『幼禾』。然詩閟宫云：

『赫赫姜嫄……是生后稷，降之百福。黍稷重穋，稙稺菽麥。奄有下國，俾民稼穡。』

『稙稺菽麥』，稺義很明顯是種植。稺从屖作，也很明顯由屖得義。由此可知屖字應有種植之義。

　　按屖與犀即是一字。上舉漽又作漽，此外，遟字又可作遲，皆可見犀即是屖。説文云：

『犀，南徼外牛。一角在鼻，一角在頂，似豕。从牛，尾聲。』

自來學者大概都以犀爲熱帶的獨角獸。但我們覺得，犀字的本義是否爲熱帶的獨角獸以及我國古代所謂犀是否即熱帶的犀牛，實不無可疑。

　　一、從文字上講，以犀爲熱帶的獨角獸似説不通。我國文字凡禽獸都是象形。如甲骨文虎、兔、猴、鹿等字，都是畢肖這些動物的形狀。即使不全繪其形狀，也必表現其特點，使人一望便識。如牛羊的特徵是角，犬的特徵是長尾，豕的特徵是短尾肥腹，象的特徵是長鼻，文字也就繪出這種特徵，而犀字顯然不是象形字。説文謂犀字是『从牛，尾聲』。若謂尾是象犀牛之尾，也屬不通，因爲犀牛的特徵實不是尾而是獨角。如說文所説，犀乃是形聲字。犀字既不是象形字，其作爲熱帶的犀牛，必係假借。犀既是假借，則其本義必不是熱帶的獨角獸。

二、古代我國黄河流域是否産熱帶的犀牛，也是可疑的。甲骨文有象字，卜辭有獲象的記載，記載也有商人服象之説，殷時黄河流域實有象。但卜辭記載獲象的畢竟不多，與獲鹿豕等比較起來，相差甚遠。殷時象在黄河南北當已是稀少的動物。而從記田獵的卜辭看，平常所獵捕的野獸幾乎都不是熱帶動物。由此可知，殷墟時代黄河中下游已極少熱帶動物，殷墟時代黄河中下游既已無熱帶動物，甲骨文又不見犀牛的象形文字，足見殷墟時代中原地區必不産熱帶的犀牛。春秋以後，雖尚偶有楚用象戰的記載，但中原地區則絶不見有象了。春秋以後，中原地區既已無象，由此可以推知，也絶不會有熱帶的犀牛。我國古代中原地區既不産犀牛，則謂我國先秦典籍中的犀是熱帶的獨角獸，我們覺得，實難令人相信。

三、我國古代以犀皮爲甲，這也是可疑的。犀牛這種動物畢竟是比較稀少的動物，即在熱帶也不太多，即使我國古代産犀，又何能有這樣多的犀皮可供作甲呢？如果説，我國古代已有大量的犀皮自南海方面輸入，似也不合理。我國與南海方面的交通，自戰國以後，因爲楚國向南發展，才逐漸發達。迨至秦始皇略取嶺南，方始暢通。在春秋時代以前，我國與嶺南方面固不能説没有交通，但謂其時已有這樣發達的交通和商業，而有大量的犀皮輸入，似屬不可想象。按國語齊語謂齊桓公患甲兵寡少，問計於管仲，管仲建議『輕過而移諸甲兵』，主張『制重罪贖以犀甲一戟，輕罪贖以鞼盾一戟』。管仲想用以犀甲贖罪的方法貯積多量的甲兵，犀甲可用以贖罪，可知道春秋時代犀甲必是家家可有，人人可得的，並不是稀少的東西。由此也可知犀皮必是本國所產而不是來自南海。

由上面幾點看，可知我國古代所謂犀牛，絕不是熱帶的獨角獸。按宣公二年左傳云：『宋城華元爲植，巡功，城者謳曰：「睅其目，皤其腹，棄甲而復，于思于思，棄甲復來。」使其驂乘謂之曰：「牛則有皮，犀兕尚多，棄甲則那。」役人曰：「從其有皮，丹漆若何。」』

此謂『牛則有皮，犀兕尚多』，由這句話，可知犀即是牛，用以作甲的犀皮就是牛皮。我們以爲古代所謂『犀』即是𤉡及兕。說文段注云：『𤉡如野牛，青色，其皮堅厚可製鎧，象形。』『兕古文从儿。』國語晉語：『唐叔射兕於徒林，殪以爲大甲。』𤉡皮可以作甲。正與『犀』相同，可知犀𤉡必是一物。𤉡段玉裁謂即是水牛，我們亦以爲然。甲骨文𤉡字實酷肖水牛之形，詩檀弓云：『天子之棺四重，水兕革棺被之。』兕又稱水兕，更可知非爲水牛不可。卜辭常見獲𤉡逐𤉡，詩吉日『發彼小豝，殪此大兕』，大概殷周時代水牛猶未完全成爲家畜。

古代的犀牛原就是𤉡，則犀牛的本字應爲𤉡及兕而不是犀。以犀爲𤉡，仍是假用或譌誤。犀字的本義既不是熱帶的獨角獸，又不是水牛，然則其本義爲何？我們以爲犀字的本義實也爲耕種及耕牛。按犀義又爲銳利，从犀作的字有墀字，説文云：『墀，涂地也。』若犀本義爲熱帶的獨角獸，絕不可能引申爲銳利和涂地。這正因犀義爲耕田而引申的。其義爲銳利，猶利爲犂田引申爲銳利一樣，其義爲涂地，與钁義爲鋤地引申爲墀地一樣。

犀與屖即是一字。我們以爲犀字之作，實爲从屖从牛，尿乃屖之變。屖所以又从牛作，義蓋謂牛耕。因爲犀爲牛耕，所以耕牛便也稱爲犀，以犀爲[illegible]，乃後世譌誤。戰國以後至於秦漢，中原與嶺南交通日趨發達，知道熱帶有一種有角的奇獸，於是又以古之犀名這種獸。這猶之秦漢時代以犛名康藏高原的氂牛一樣。秦漢時代以犀名熱帶的獨角獸，其原來的耕及耕牛之義便失。

按稺字又有幼小的意思。説文云：『稺，幼禾也。』這恐不完全正確。詩大田云：『彼有不穫稺，此有不斂穧，彼有遺秉，此有滯穗，伊寡婦之利。』這裏稺就明不是幼禾而是已成熟了的禾。我們以爲稺蓋有幼小及禾兩種字義，説文乃是將二者合而爲一。稺義爲耕種及禾，自是由屖義爲耕而引申的。其義爲幼小，何由而來呢？這我們不能不疑心屖與弟字，由弟引申而爲幼小。

甲骨文有[illegible]字，又作[illegible]、[illegible]、[illegible]等形。此字學者或釋屖，或釋辟。其所以有這兩種不同的意見，大概是因爲對金文屖字解釋不同的緣故。金文屖字作[illegible]或[illegible]，而辟字有作[illegible]形者，二字形極相近，只辟字多一口而已。因此，自宋以來學者便都以二字爲一字，釋屖爲辟，近代一部分人便相沿不改。甲骨文□與金文□爲一字，所以他們又釋□爲辟。

考他們所以釋金文□及甲骨文□爲辟，大概是根據說文以辟係从卩辛从口作的字，也即从屖从口作的字。殷墟書契考釋云：

『□古金文作□，增口乃璧之本字。从口辟聲，而假爲訓法之辟，許書从口，又由口而譌也。』

這實完全是錯誤的。按金文辟字除作□以外，尚有下列的寫法：

□（麥尊）　□（師訇毁）　□（師周毁）

由這些字形看，顯然可見，辟字絕不是如許慎所說从卩辛从口，或从屖从口，這實是从卩从啇作的字。金文有作□者，乃只是書法略有不同，將啇字稍加改變而已。因爲書法有這一點改變，□變成啇，說文便誤以爲辟是从卩辛从口。隸變時將口移於尸下，原來从啇作的字形，遂全改變。

辟字既非从屖从口作的字，則金文屖字自不是辟字。金文屖字既不是辟字，則甲骨文□字自也不是辟字而是屖字了。

由卜辭及金文銘辭看，我們覺得，屖字實爲兄弟的弟字。

『壬申卜，貞□。』（前四、一、五）

此處『屖』字是所貞問的事，訓弟或幼穉，辭義似皆難通。此『屖』義似當爲耕種。

『乙巳卜，𠂤貞：王弗其子□。』（甲三〇一三）

『戊午卜，王上求子□，我。』（徵，人名一〇）

『戊午卜，王勿卬子□。』（同上）

『中子子□。』（同上）

這裏皆子㞢連文。不過這裏的『子㞢』其義是否就是子弟，似猶是疑問。第一辭『子㞢』似爲動詞，但本辭乃是否定語，可能有省文，似不能確定其辭義。第二、第三、第四，三辭同在一版，王襄以『子㞢』爲人名。惟第三辭，『上求』二字拓印不清晰，王氏釋爲『上求』是否正確，不無可疑。如二字不誤，則『子㞢』是否爲人名便屬疑問。因如『子㞢』爲人名，又爲王之中子，則便不能稱王『上求』。不過，無論怎樣，我們還不能據此便謂『子㞢』就是子弟。也即是不能據此便謂㞢就是弟字。

『癸酉卜，貞：宰豕（逐字之誤）㞢兄□棊麑豕。翌日戊寅（缺）王（缺）□（缺）□。』（纂六一五）

『丁丑卜，貞：宰逐。㞢兄□棊麑豕。翌日戊寅，王其□（缺）□王弗每□。』（同上）

這裏㞢兄二字連文。郭沫若釋這二辭云：

『「宰逐㞢兄，侯棊麑豕」宰與㞢兄人名，侯棊地名，言宰於㞢兄所領之侯棊追逐麑豕也。』這一解釋，也難令人同意。不但卜辭無這種語法，以宰及㞢兄爲人名也没有根據。而且這樣解釋，辭義也不相接。按此辭下云『翌日戊寅王』云云，如謂這是『牢於犀兄所領之侯禁追逐麑豕』，則與王似無關，何下文忽又説到王呢？我以爲這乃是卜王與其弟兄一道田獵，逐捕麑豕之辭。牢字爲説文所無，字不可識。在卜辭中，多用爲地名。（注三）其字義也很難知道。但其字从午作。午，我們以爲就是杵，杵後世用以舂米，但最初也用以掘地擊獸。牢从午作，又與逐連文，當也有捕殺之義。『牢逐』義蓋謂捕逐。『犀兄』，我們以爲蓋就是弟兄。□字不識，釋侯實不可信。禁字學者皆以爲麓。卜辭的禁字學者幾乎盡都訓麓。這實也是不完全正確的。禁誠然假爲麓，但並不是卜辭中所有的禁字皆假爲麓。甚至就以麓爲禁字的本義。我們以爲彔最初也是工具。説文云：『彔，刻木彔彔也。象形。』又於剥字云：『剥，裂也。从刀，从彔。彔，刻割也。』彔字是詩破斧『既破我斧，又缺我錶』。韓詩云：『錶，鑿屬。』作□，當即象這種工具的形狀。彔字的本義是工具，則彔禁就不能全釋爲麓。我們以爲彔禁也有獵捕之義。卜辭云：

『辛巳，王剛武（缺）彔隻（獲）白冢。丁酉（缺）。』（佚四二七）

『翌乙（缺）王比（缺）彔逐（缺）。』（佚六五八）

彔與獲逐連文，可推知其義必爲獵捕。『□禁』，我們以爲義也爲獵捕。這兩條卜辭蓋謂王與其弟兄圍獵，逐捕麑豕。『犀』與兄連文，義當爲弟。

『（缺）申卜，多□□其（缺）。』（粹一二八〇）

此辭郭沫若釋爲『乙□卜，多辟臣其……』並云『辟臣蓋是嬖臣』這也是錯誤的。⿱亼貝絕不是臣字，𡰥更不是嬖字。我們以爲𡰥乃屖字，⿱亼貝則爲食字，只下漏刻一横畫而已。此辭當是『多屖食』，食義與饗相同，此應是『多屖鄉』，此辭與『叀多生鄉』（新獲一九七）『甲寅卜，彭貞：多子其鄉』（甲二七三四）語例略同。這裏『屖』是個名詞，『多屖』與『多毓』『多父』『多妣』『多兄』『多子』『多生』相同，屖義爲兄弟之弟，可斷定無疑。

商器有麋婦觚其銘辭云：

『麋婦□貝□𠬪用□𡰥日乙隮彝。』

𡰥與甲骨文𡰥顯係一字，當爲屖字。『屖日乙』與『兄日癸』『父日辛』『祖日乙』等等語例完全一樣，屖更非爲弟不可。

又（叔夷鐘）云：

『丕顯皇祖，其祚福元孫，其萬福屯魯，龢協而九吏（事）卑若鍾鼓，外内剴屖，[illegible][illegible]。』

屖字舊釋辟，其下二字或釋都俞，或釋都譽。不論釋都俞或都譽，句法辭義皆不能通。按此實係兩個疊字，上一字不識，下一字我們以爲是與字。此辭乃祖、魯、鼓、與爲韻。『與與』本有恭敬之義。論語鄉黨云：『君在，踧踖如也，與與如也。』『踧踖與與』義也當爲恭敬和睦。這段銘辭是説須内外和協恭敬，屖與剴連文，其義必與剴弟之弟相同。屖爲剴弟之弟，也可證明也必是兄弟之弟。

最有趣的，从弟、夷二字相亂也可推知『屖』就是『弟』。夷字甲骨文和金文都作。玉篇云：『𡰥，古文夷字。』書泰誓『受有億兆夷人』，夷字敦煌本作𡰥，可知夷又作𡰥。按説文有遲字，云：『遲或从𡰥。』遟字又可以从𡰥作，可知犀、屖也可以譌爲𡰥。又甘泉賦『靈遲迟兮光輝眩耀』，文選作迟迡，則犀、屖更可譌爲尸了。弟容易譌爲夷，犀、屖也容易譌爲𡰥及尸，這必不是偶然。犀、屖之譌爲𡰥、尸，必即弟之譌爲夷。犀、屖當爲弟，更由此可見。又詩四牡：『四牡騑騑，周道倭遲。』倭遲韓詩作倭夷。又玉篇稺字又作稊。據此，不僅犀、屖可譌爲𡰥及尸，更可逕譌爲夷了。弟字可以譌爲夷，犀、屖也可以譌爲夷，犀、屖與弟爲一字，絕無可疑。這不僅説明屖必是弟，而且更證明銕字所从作之夷，必即是弟、是屖。

我們疑心錐、椎、推等字也是由屖譌變的。錐、椎是工具，義又爲銳利。説文云：『錐，銳也。』推義則爲耕。月令云：『天子三推，三公五推。』這幾個字，很明顯，必係一字之演變，其字義也是一字之引申。即錐本義爲工具，爲農器，引申爲耕，爲銳利。但錐何以是工具，是農器呢？這從字形上無論如何無法解釋。因此，我們疑心此字乃由其他的字譌變而來的。

从隹作的字還有稚及雉字。玉篇幼稺之稺又作稊及稚。稺从屖作，又可从夷或隹作，我們疑心隹與屖夷之間必有相當關係。由此我們疑心錐、推之从隹作，可能也就由這樣的關係譌變而來的。薙字也就是雉字，義爲除草，與推略同，而錐、推與雉形又相近，我們疑心錐象農器。雉甲文作或，象鳥形而不是象農器之形。而卜辭雉也爲野雞而不是耕作。

雉（薙）義爲除草，也必不是本義而是譌誤的。

按雉與夷相通。周禮序官薙氏，鄭玄云：『書薙或作夷。』而夷義爲除草，與薙也相同。同時薙與弟也相通。如鬀髮亦稱薙髮。又春秋感精符云：『薙之爲言弟也。』（注五）由此可知弟、薙、夷三字皆相通。因此，我們以爲雉義爲除草蓋由屖義爲耕而來。這就是屖義爲耕爲除草，屖與雉音同。後世假雉爲屖，於是雉義也爲除草。由雉而變爲錐、推、稚等字。至於夷字，我們以爲即是雉字之省。這由字形明白可見。甲骨文雉从，這很明顯就是夷字。如我們這種考察不誤，則不僅薙、錐、推、夷以及稺、稚、稊等字變化源委，瞭然可見，即東夷、淮夷之夷，其來源亦可得而知。這也因字形變化而致誤的。東夷淮夷之夷，甲骨文、金文作尸，又可作𡰥，而屖字也可省作𡰥，二字形同，故遂致相亂。又𡰥（屖）與夷相通，故又譌而爲夷。說文謂『夷，从大，从弓。東方之人也』。可知實是望文臆說。茲將此字變化列表於下：

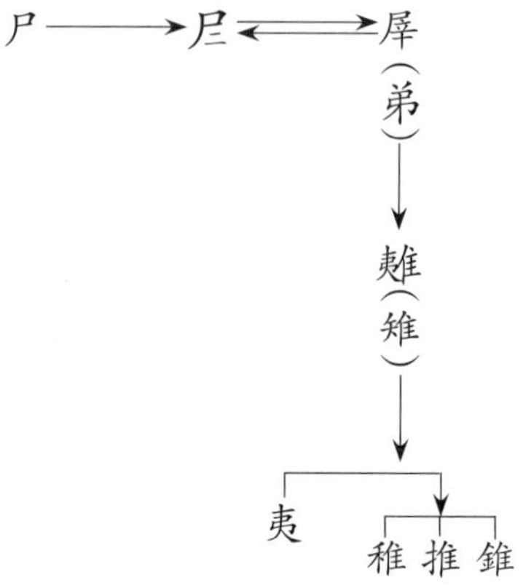

屖字爲古弟字，大概是無可疑的了。這裏只有一個問題，就是甲骨文和金文的屖字如何變而爲金文及篆文的弟字還不清楚。這，恐怕誠如說文所說，弟原是次第的第字。而其作爲兄弟的弟字則是因屖與弟聲音相同而假用的。

屖字甲骨文作、等形，是从人从辛，或从人从▽作。辛、▽就是剞劂及銍，應也是錐。這皆是農器。屖是人與農器相合爲文，其義當表示人耕種或耕種者。屖義爲耕及種植，原因當即在此。因爲屖爲耕種，所以耕種的工具也稱之爲屖。同時由耕種又引申爲禾，其作爲兄弟之弟，我們以爲乃是假借。因爲兄弟乃是抽象的稱謂，不可能用具體的字形來表示，所以非假用他字不可。按兄與祝爲一字，兄當是假借祝字的。兄是假借祝字，弟則假借耕種者。在假用這兩個字的時候，義必是說，司祝祭者爲兄，從事耕種者爲弟。由此二字的假借也可推知當

時家族制度的情況，當時必兄司祝祭，而其餘諸弟則從事耕種。由此又可推知當兄厗二字創造的時候，必不僅家長制業已確立，長兄繼承制似也已發生。

由上面的考察，銕字的變化原委當很清楚地可以看出了。銕字最初實爲甲骨文[甲骨文字形]或[甲骨文字形]字（厗），由厗又譌而爲夷，後世加金旁遂成銕字。[甲骨文字形]、[甲骨文字形]爲銕字的初文，其義又爲耕種及農器，殷墟時代是用鐵耕，豈不很明白的！[甲骨文字形]从丫作，丫這種農器必是鐵製的。這與我們以前所考見的丫是我國最早的鐵製農器完全符合。

注一　國語晉語注。

注二　此件上有文字，惜拓印不清晰，疑唐銕二字即係上面的原文。

注三　如『（缺）寅，王卜貞，其田牢，往來亡巛』（前二、三一、四）『辛丑卜貞王其』。

注四　殷文存著錄。

注五　郝懿行爾雅義疏引古書微。

五　釋辛䇂契

我們說丫是我國最早的鐵製農器。此外，我們以爲甲骨文辛䇂也是與丫同樣的工具。

甲骨文□（辛）與□（辛）是否一字，過去學者意見不一致，王國維謂不是一字，郭沫若則謂即係一字，并謂辛辛即是剞劂。郭氏之説，實完全正確。這很容易看出的，甲骨文从辛作的字，無不也可以从辛作。如妾作□，又作□。商作□或□，又作□或□。□又可作□，這都足證辛辛必是一字。我們説，辛爲刻鏤的刀和農器，則辛自也是刻鏤的刀和農器了。按詩小毖云：『莫予荓蜂，自求辛螫。』辛義實爲刺。由辛字這種字義看，也可知辛原必爲刻鏤的刀和農器，這蓋由其原爲刻鏤的刀和農器引申的。

『辛』這種工具，我們以爲也應是鐵製的。因爲辛與辛是同一種工具，□既是鐵製的，則『辛』當然也是鐵製的了。又商器上的辛字有作下列各種形狀者：

（□父辛尊）

（□父辛毁）

（趙卣）

（令□父辛卣）

（中中父辛毁）

這都是將『辛』這種工具的形狀繪出。由這些字形看，『辛』顯已不似□之簡單，其鋒锷部分已有各種不同的形式。這種複雜的形式的鋒刃，也可推知，必不是石所能製造的，這非用金屬製造不可。

『辛』是鐵製的工具，由此推溯，則當十干製定的時候，我國當已用鐵了。十干與十二辰製定的時代，我們不能確知。但殷代已用干支記日，殷之先公先王又以十干爲名，夏也有孔甲、履癸，而傳説更早遠有高辛氏，其製定的時代在殷以前，必無問題。當十干制定的時候我國即已用鐵，則殷墟時代是用鐵器，尚有何疑？

甲骨文又有䇂字。此字王國維謂即是辛字。（注一）郭沫若依王氏之說，䇂也就是剞劂，䇂乃是象剞劂『縱剖的側面』。（注二）䇂也就是剞劂，實屬正確。但謂䇂象剞劂『縱剖的側面』，似猶不無可疑。因爲『䇂』或『辛』是刻鏤的刀和農器，是直刻直刺的，并不彎曲，其『縱剖的側面』不成䇂形，這由上列商器上所刻的辛字形便可推見。我們疑心，䇂字所加的『勹』乃表示動作，或者也用以别於辛字。卜辭有一現象，辛字只用爲十干字，不見有其他用法。按『辛』乃是當時的重要工具之一，用『辛』刻鏤、耕地應也是主要的勞動之一，卜辭何以不見辛字作爲工具和勞動字用呢？我們疑心當時的辛字已成爲十干的專用字。因爲辛是十干的專用字，所以不用作工具和勞動字。又因辛已成爲十干的專用字，而『辛』又是一重要的工具，於是便不得不用一個字來代替它作爲工具和勞動字用，我們疑心䇂字就是這樣產生的。䇂字是在辛下增一『勹』，這乃表示用『辛』掘地、刻鏤。

䇂，我們以爲就是屰字，也就是剞劂字的初文。說文云：

『屰，不順也。从干，下凵屰之也。』

說文這種解釋顯然是錯誤的。說文謂屰从干作，干義爲犯，這還勉強可以說，這說明了屰爲『不順』之義。但下云『下凵屰之』如何解釋呢？所謂『凵』所指的是什麼？這實無法解釋。說文這種解釋顯然是不知屰爲何物，而只就屰字義爲不順，臆解字形的。按屰與啇、辥聲音相同，啇甲骨文作丂口，辪甲骨文作丂𠂤，皆从丂作，皆由丂得聲。由此可知𢎗、丂也必一聲。而從字形分析，也可知𢎗爲劂字的初文，所以𢎗必就是丂，丂後世作𢎗，這乃是字形的演變。

剞、劂爲兩種不同的工具。按詩豳風七月『既破我斧，又缺我錡』，傳云：『鑿屬曰錡。』剞，是剞也是鑿，將剞劂分而爲二，實不足信的。王逸注哀時命云：『剞劂，刻鏤也。』剞劂實就是一物。

剞劂是刻鏤的刀，我們以爲也是農器。這由文字的變化上即可以推見。按劂从厥从刀，此字應从厥得聲得義。說文云：

『厥，發石也。从厂，欮聲。』

厥義爲發石，自然也是掘土。山海經海外北經云：

『共工之臣曰相柳氏。……相柳之所抵，厥爲澤谿。禹殺相柳，其血腥不可以樹五穀種，禹厥之三仞三沮，乃以爲衆帝之臺。』

郭璞注云：『厥，掘也。』可知厥義實也爲掘土。又莊子秋水篇云：

『子獨不聞夫埳井之鼃乎。謂東海之鱉曰：吾樂與吾跳梁乎井幹之上，入休乎缺甃之崖。赴水則接腋持頤。蹶泥則没足滅跗，還虷蟹與科斗莫吾能若也。』

『埳井之鼃』『蹶泥則没足滅跗』。蹶義也必爲掘，此蓋謂用足掘泥也。又襄公十九年左傳云：『衛石共子卒，悼子不哀。孔成子曰：是謂蹶其本，必不有其宗。』杜預云：『蹶猶拔也。』實則這也應就是掘。所謂『蹶其本』，譯爲今語，就是『挖老根』。蹶義爲掘，更足證厥、劂義必爲掘。

厥、劂義爲掘，由字形的變化上也可考見。剞劂之劂說文作⿰屈刂，又作⿰屈刂。玉篇也作⿰屈刂。淮南子俶真訓『百圍之木，斬而爲犧尊，鏤之以剞⿰屈刂，雜之以青黄』。是劂可以變爲⿰屈刂。又左氏文公十年經『楚子蔡侯次于厥貉』。公羊作屈貉。左氏襄公元年經『夏晉韓厥帥師伐鄭』，公羊作韓屈。更可知屈實爲厥之變。說文屈作⿸尸⿱毛出、⿰屈刂、⿰木屈、掘，从屈作的字說文皆从⿸尸⿱毛出。由此可知，⿸尸⿱毛出也必是厥之譌變。這大概厥譌爲屈，後世隸變又省爲屈。屈是厥譌變的，則掘、堀、窟等字必也即由厥演變的。由此以推，則厥應原就是掘字。厥義爲掘土，豈不更爲明白。厥義爲掘，則剞劂當然也是農器。剞劂是刻鏤的刀又是農器，這必最初二者即是同一種工具，以後工具進步，刻鏤的刀和農器才分而爲二。

厥義爲掘，其字从厂从欮。玉篇云：『欮，掘也。』是厥義爲掘係由欮得義。从欮作的字又有闕字。說文謂闕爲門觀。按隱公元年左傳云：

『對曰，君何患焉。若闕地及泉，隧而相見，其誰曰不然。』

國語吳語云：

『吳王夫差……乃起師北征，闕爲深溝，通於商魯之間。』

闕前人皆以爲義爲空。我們以爲闕義也應爲掘。『闕地及泉』即掘地及泉。闕爲深溝，即掘爲深溝。闕義爲空乃是引申義。這乃因掘地成空穴而引申的，與掘地引申爲窟穴一樣。由空再引申爲闕乏。其爲門觀及兩山相對爲闕，皆係假借。闕从欮作，也必由欮得義。厥、闕从欮作，義皆爲掘，欮義爲掘，必無可疑。欮字不見於說文，但字形甚爲明白，此乃从欠屰聲字。必由屰得聲得義，由此可知屰義必爲掘地。

劂、厥、闕、欮、屰義皆爲掘地，由這些字的字形看，這些字當皆就是屰字的孳乳。這就是由屰演變而爲欮，由欮演變而爲厥及闕，由厥演變而爲劂及蹶，劂又譌爲⿰⿸厂屈刂及⿰屈刂。由⿰屈刂又演變爲掘、窟及堀。屰是這許多字的初文，可知屰必就是剞劂，是刻鏤的刀，又是農器。以『屰』掘地故引申而爲掘，其義爲不順，當也是引申義。

从屰作的字還有㡿及逆字。由這些字我們也可以推知『屰』當是工具。說文云：『㡿，郤屋也。从广，屰聲。』此說㡿字的字義實不甚明確。按从㡿作的字有塝（坼）及槺（柝）字。說文云：『塝，裂也。』『槺，判也。』灼龜之兆又稱之爲塝兆。是㡿必有裂土、判木及契刻之義。㡿何以有這種字義呢？這必因㡿也是工具，這種工具可以掘土、伐木、契龜。按莊子天下篇云：『禹親自操橐耜而九雜天下之川。』崔篆謂橐是囊。司馬彪謂橐是盛土器。（注三）也不可靠。橐也就是槺。易繫辭『重門擊槺』，說文引作欜。可知槺欜一物。『禹親自操橐耜』橐耜相連，非爲農器不可。由此更可知㡿實爲工具。㡿爲農器或判木、契刻的工具，也就是屰必是農器和判木、契刻的工具。我國古代擊柝以警夜，易謂『重門擊柝，以待暴客』。我們疑心最早擊以警夜的『柝』，即是農器。

說文云：『逆，迎也。』按逆義又爲不順，與屰相同。屰、逆應就是一字。逆只是屰之變。又逆與⿰氵屰（溯）義相同。如逆流、⿰氵屰流義相同。由此可知屰、逆、⿰氵屰都是一字的變化。逆義除迎及不順以外，還有另外的字義。周禮鄉師云鄉師之職：『則受州里之役，以考司空之辟，以逆其役事。』鄭玄云：『逆，鉤考也。』又女史：『掌以詔后治內政，逆內宮。』鄭玄云：『鉤考六宮之計。』是逆義爲鉤考。又墨子貴義篇云：『今若遇之心者數逆於精微。』逆義蓋謂深入。逆何以又有鉤考深入之義？逆義爲『迎』及『不順』不能引申爲鉤考及深入。我們以爲逆字這種字義也是由屰爲農器及契刀引申的。因爲農器掘土及契刀刻鏤，故引申爲刺，由刺又引申爲深入鉤考。說文有𢆉字，云：『𢆉，撴也。从干。倒入。』此字與屰形聲皆近，我們疑心即一字之變。又禹貢云：『（導河）北過降水，至于大陸，又北播爲九河，同爲逆河。』『逆河』鄭玄謂：『下尾合名曰逆河，言相逆受也。』王肅謂：『同逆一大河，納之於海。』僞孔傳謂：『北分爲九河以殺其溢。……同合爲一大河名逆河而入於渤海。』諸家解釋紛異而皆不可通。我們以爲此處逆義實爲分。逆河即是分水河。這是說大禹導河至大陸北，將下游分爲九河，這九河都是分水河，以流入渤海。經師們對於逆河所以不能有明確的解釋，就因爲他們不知逆義爲分而狃於逆義爲迎之故。逆義爲分，與⿸广屰、⿰土屰、⿰木屰等字實相同，所以這也必由屰爲農器、契刀和掘土、刻鏤引申的。至於逆義爲不順和迎，實也是這樣引申的。因爲以屰掘土刻鏤，在被掘、被刻的一方面言，自屬與之相反，故引申爲不順。由不順又引申爲迎。這與倒（即搗）義爲撽，引申爲反一樣。這種情形在我國文字實所見非鮮。如讓有責讓、退讓二義便是顯例。

屰我們以爲也就是㖾（咢）字。屰、㖾乃是一字的變化。説文將屰、㖾二字分開，屰義爲不順，㖾義爲譁訟。又逆、遻（遌）二字也分而爲二：逆義爲迎，遻義爲『相遇驚』。我們以爲這實是錯誤的。説文云：

『㖾，譁訟也。从吅，屰聲。』

又云：

『遻，相遇驚也。从辵屰，屰亦聲。』（注四）

是㖾、遻基本上都讀屰聲，與屰、逆相同。尤可注意者，遻字如説文所云，則不僅字聲與逆相同，字形也應與逆相同。逆、遻形聲皆同，何以猶謂不是一字呢？我們以爲逆、遻應就是一字。逆義爲迎，按爾雅釋詁云：『遘、逢、遇，遻也。』試問遻義爲遇，與逆義爲迎有什麼不同？迎與遇義顯然也一樣。班固幽道賦云：『乘高而遻神兮，道遐通而不迷。』遻義顯然也是迎。又逆義爲不順。按莊子達生篇云：『死生驚懼，不入乎其胸中，是故遻物而不慴。』遻物義即爲逆物。又莊子寓言篇云：『使人乃以心服而不敢蘁。』釋文云：『蘁，逆也。』按蘁與咢、堮相通。如垠堮之堮，玉篇又作⿰土噩，而鷩咢也可以作噩，此處蘁可知也必爲遻。蘁義爲逆，可知遻義也爲不順。又釋名云：『遻，不順也。』又云：『逆，遻也。』更足證遻義爲不順，與逆即係一字。逆、遻一字，則屰、⿱吅屰（咢）自也就是一字。總之，我們以爲屰、⿱吅屰必本即一字，後因變化，乃致字形不同。鋻就是尖，是屰也就是刀尖。屰是刀尖，可知屰必是銳利的工具。

總括以上所述，屰是㡿、⿰土㡿、⿰木㡿、欮、厥、劂、掘、⿰屰刂等字的初文，可知必爲農器及刻鏤刀無疑。屰，我們以爲即是甲骨文𢆉字。除前面所述屰與啇、辥一聲以外，還有一個證明，朔字从月从屰，而甲骨文作⿰𢆉月，可知屰必是𢆉之變。茲將此字的演變列表於下：

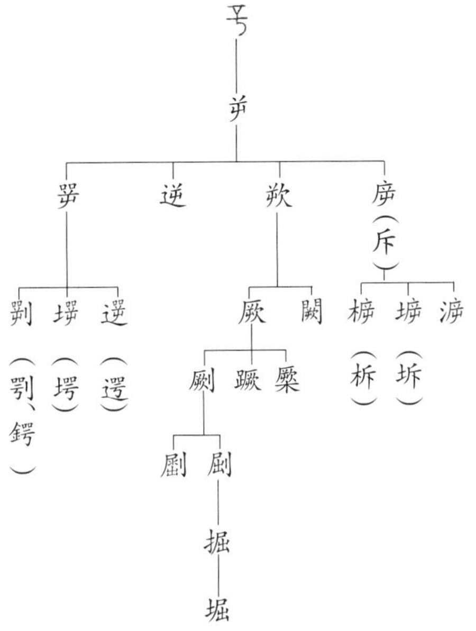

現在再看一下丂字在卜辭中的用法。

『癸丑卜，賓貞：甴「貝」，令眔𡴘丂。』（後下三四、五）

『丙寅卜，兄貞：令好高丂、十月。』（前五、四、二）

𡴘及好高皆人名，𡴘上一字作罒，舊釋目。釋目義不可通。我們以爲應釋眔。眔我們以爲即奴隸之隸字的初文。其字作罒，係象奴隸痛苦流淚之形。眔字演變則爲臣字。此處眔義蓋爲臣。此蓋謂命𡴘及好高丂。丂義究爲耕抑爲契刻不能明瞭，但爲動詞，則顯然可見。卜辭又云：

『貞：勿乎（呼）丂。』（龜二、二十、五）

『癸丑卜，□貞：乎衆𡴘丂。』（後下、三四、五）

呼丂與呼耤呼圃語法一樣，丂義當爲耕。

从丂作的字有㖥字。此即説文之㖥字。説文云：

『㖥，語相訶相歫也。从口辛，辛惡聲也。讀若櫱。』

我們以爲此字的本義爲墾闢土地。我們前面説過，辟字從此作。辟即闢及劈字。辟字从㖥作，也當就是從此得義。由此推考，可知㖥義應爲墾闢。又卜辭云：

『貞：乎㖥于西。』（戬二六、七）

呼㖥語例也與呼耤呼黍相同，㖥訓爲『語相訶歫』不可通。我們以爲㖥當闢，此蓋謂呼人往西方耕闢。又卜辭云：

『丙（缺）㞢（缺）令乍啇。』（後下十、五）

啇義爲闢也可通。卜辭又云：

『貞：令啇畯于（缺）。』（前四、二八、五）

『丙寅卜，賓（缺）子商啇畯（缺）。』（後下、八、一）

這二辭辭義不能瞭解。但無論如何，以啇義爲『語相訶歫』，也必不可通。畯說文及爾雅釋言皆謂是農夫，詩七月傳謂是田大夫。於此畯與啇連文爲一動詞，以爲農夫或田大夫皆不妥。我們疑心畯初義也爲掘地耕種。與浚係一字之變。其爲農夫或田大夫也由其義爲耕種而引申的。如我們這種推測不誤，則此處『啇畯』意當仍爲墾闢耕田。

我們說辟从啇作。辟義爲墾闢土地，但同時辟義也爲君。爾雅釋詁云：『辟，君也。』辟義爲君，不見於卜辭，（注五）但我們想，殷代必已以辟爲君了。詩殷武云：

『天命多辟，設都于禹之績。』

又大盂鼎云：

『隹殷邊侯田（甸）粵殷正白辟。』

這所述皆是殷代的事，辟義皆爲君。可知殷時辟字義必已爲君。然則辟義何以爲君呢？我們以爲辟義爲君，乃是假借。因爲君乃是個抽象的名稱，不容易用字形表達，所以不得不假借他字。其所以假辟爲君，我們疑心就因爲『辟』工作效力大，以此表示君的權力。按辟和由辟引申的字義皆有有力和大的意思。如開墾荒地爲開闢，雷聲爲霹靂，大拇指名擘，首領稱爲鉅辟，等等。我們疑心假辟爲君也就與此一樣。如我們這種推測不誤，我們可以推見一事，即䇂這種農器在當時必是很主要而且有力的農器。我們想，這樣有力的農器必不是石或青銅製造的。

从䇂作的字還有⿰𠂤䇂⿰𠂤䇂二字。⿰𠂤䇂，王國維釋辥。甚的。不過，王氏對於此字字形及其本義的解釋，我們覺得，則猶不正確。王氏云：

『殷墟卜辭有⿰𠂤䇂字，其字从𠂤从䇂（即說文辛字）與辟字从人从䇂者同義，𠂤者衆也。金文或加止，蓋謂人有辛，𠂤以止之，故訓爲治。』（釋辥，觀堂集林卷六）

王氏的解釋係根據兩點，一辥从䇂作，䇂就是辛，說文謂辛義爲辠，所以辥應有辠意。二辥从𠂤从䇂，與辟从人从䇂同義，辟義爲法，所以辥應也有刑法之意。但在我們看，這兩點論據全不可信。我們以爲䇂乃是農器和契鏤的刀，初實無辠意，辥字从䇂作，初義也不應爲罪。又辟我們以爲係从人从㕯，而不是从人从䇂，㕯義爲開闢土地，初應也沒有刑法之意。王氏兩點論據既不能成立，則以辥義爲止罪，自屬錯誤。又王氏謂辥从𠂤从䇂，意謂『人有辛，𠂤以止之』，這也不合理。甲骨文止是否已有禁止、制止之義，甚屬可疑。而人有罪何以由衆人禁止呢？這在事理上也說不過去。而且辥金文纔『或加止』，甲骨文並不从止作，怎麼能用金文增加的筆畫解釋甲骨文呢？這在方法上也是本末顛倒的，王氏所以有這種錯誤，完全由於他見金文辥義爲治，便以甲骨文辟字本義就是治的緣故。辥之本義爲治，而説文又謂辥義爲辠，於是他就合此二義以辥爲治罪。因以辥義爲治罪，於是又曲解字形（注六）。這種方法的錯誤正與説文根據引申義解釋字形一樣。

卜辭辥字義都爲孽，意爲災禍。

『貞：丝鳳（風）不隹辥。』（前六、四、一）

『貞：丝雨，隹辥。』（龜一、二五、十六）

『貞：王寢，帚好不隹辥。』（藏一一三、四）

『貞：王寢，隹之（是）辥。』（坊五、四〇）

『貞：不隹辥。』（龜一、二五、十九）

『（缺）固曰，不之辥。』（坊五、四一）

我們以爲這乃是假借，與假𢦏爲災一樣。

我們以爲辥之初義乃是開闢山地。辥字从䇂从𠂤，䇂是農器，𠂤是小山，農器與小山相合成文，其義非開闢山地而何。説文有⿱辥力字，云：『⿱辥力，斷也。』⿱辥力顯然就是辥，辥義何以爲斷呢？我們以爲這即由辥初義爲開山掘土而引申的。這正與剛義爲耕引申爲斷一樣。又王國維業已指出㱾、艾、乂等字皆辥字之譌變。説文云：『乂，芟草也。』乂即俗之刈字。乂義爲芟草，則辥義也當爲芟草。這更證明辥義當爲墾地。辥義爲墾地，因而引申爲芟草。又詩臣工云：『命我衆人，庤乃錢鎛，奄觀銍艾。』我們前面説，銍艾意應爲耕種，由此可知辥義也必爲耕種、除草。由上數證，我們覺得，辥之始義爲開山墾地必無可疑。其義爲治，我們以爲當是引申義。農業勞動字，往往引申爲治，如釐、易皆訓治便是顯例。

此字關係甚爲重要，因爲它説明了當時生産的情況。由這個字我們可以推知殷墟時代，甚至此字創造的時候，必已進行山林的開闢了。卜辭又有許多卜焚的卜辭，我們試以之與辥字聯繫起來，便更可推知當時必已焚燒山地的草木而進行新地的開發了。殷墟時代有那樣進步的文化，由此我們也就不難理解，而這樣能進行山地的墾闢，從而創造殷墟時代的高度文化，如不是有鐵製工具爲前提，我們覺得，似也難以想象。

甲骨文[䇂月]字，王國維釋辪，即薛國之薛字的本字。（注七）但我們以爲這應是朔字。此字从月从辛，字形正與朔相同。卜辭云：

『貞：勿[䇂月]。』（龜一、二六、二）

『貞曰：其[䇂月]。』（龜一、二六、三）

[䇂月]皆是動詞，釋薛義不可通。又卜辭云：

『卬疾止，于父乙[䇂月]。』（輔十七）

這裏[䇂月]很明顯義必爲告。這正與愬同義。由此，我們以爲[䇂月]非爲朔不可。薛國之薛原應是朔，後世作薛乃是字之譌，非𢆉即薛字也。惟此字何以从月从䇂，最初造字的用義如何，猶不易推知。若謂朔之本義是朔望之朔，从月係表示月之始生，但如不能確定殷墟時代已有朔望之稱，似也不能這樣揣測。其何以从䇂仍不能解釋。

𢆉是剞劂。我們以爲也應就是契字的初文。按契字有幾種寫法：

一、契　這是一般的寫法，說文以爲券契。

二、栔　說文云：『栔，刻也。』說文以栔爲契刻與契分爲二字。

三、挈　詩緜『爰契我龜』。釋文云，一作挈。

四、⿱㓞廾　班固幽通賦『梟于䅵⿱㓞廾，咸佐唐虞』。

五、鍥　荀子勸學篇『鍥而舍之，朽木不折，鍥而不舍，金石可鏤』。

六、楔　大戴禮記『楔而舍之，朽木不折』。

此外猶有⿱㓞夬字。說文云：『⿱㓞夬，斷契，刮也。从㓞，夬聲。一曰契，畫堅也。』⿱㓞夬義爲刮，而⿱㓞廾爲畫堅，刮及畫堅豈非依然還是刻。我們以爲⿱㓞夬也應就是契。於此，鍥、楔自是契之俗，而⿱㓞廾也應就是契。此外，契字至少有契、栔、挈、⿱㓞廾四種不同的寫法。契字何以有這幾種不同的作法呢？這不難推見，必契字的基本部分只是㓞，而其所从作之大、廾、木、手、夬等皆是後加的。因此我們以爲契字原應就是㓞。說文云：『㓞，巧㓞也。』巧㓞還不是刻。

㓞字之作，說文謂：『从刀丯聲』。丯是什麼，這裏沒有說明。是否就是『艸蔡』之丯，也未說。我們以爲㓞就是𠝏字，㓞乃𠝏之變。換句話說，㓞也即从刀从丂作的字。說文有䂮字，云：『䂮籀文𠝏从㓞。』𠝏何以又作䂮呢？這必是㓞就是𠝏，各乃是表聲的。各屰一聲，古音同在五部。㓞原就是𠝏，因爲後世不知，故又加各以表聲。於是𠝏字的字形也就變而爲䂮。我們已經說過，𠝏即屰，也即是丂，所以㓞之初文必就是丂。

䂮就是𠝏，也就屰及丂，從字義上也可以推知。按䂮也就是畧字。玉篇云：『䂮今作略。』詩載芟『有略其耜』，釋文云：『略，字書作䂮。』張楫字詁云：『略，古作䂮。』皆謂䂮、畧一字。是畧必又爲䂮之變。詩載芟『有略其耜』，略義爲銳利。按𠝏義爲刀劍刃，又爲尖，與畧相同。可知𠝏、䂮、畧實爲一字之變。

又略義爲疆界。說文云：

『略，經略土地也。从田，各聲。』

莊公二十一年左傳云：

『鄭伯享王于闕西辟，樂備。王與之武公之略，自虎牢以東。』

僖公十五年左傳云：

『賂秦伯以河外列城五，東盡虢略。』

略義皆爲疆界。按玉篇有堮字，云：『堮，圻堮也。』圻堮也是疆界，是略堮義相同。堮很明顯就是屰（咢），由此又可知略與屰同義，也就是略是由屰（咢）轉輾演變的。

又說文有垠字，云：『垠，地圻⿱罒亏也。』字又作圻。玉篇云：『圻，圻堮也。』是垠、圻也與堮同義。按集韻謂垠古作⿱㓞土。⿱㓞土，很明顯，形與⿱㓞各相近。我們以爲⿱㓞土、⿱㓞各本即一字。⿱㓞各从各作是以各表聲，⿱㓞土从土作，則以土表義。⿱㓞各與⿱㓞土爲一字，而⿱㓞土就是堮或⿱罒亏。由此又足證⿱㓞各必即是堮或⿱罒亏。

由上面的情形看，此字的發展變化當是這樣：此字最初就是甲文⿱罒亏，演變而爲⿱罒亏（咢）、堮及⿰咢刂。由⿰咢刂變而爲㓞，由㓞變而爲⿱㓞各及⿱㓞土。⿱㓞各又變而爲⿱罒各。⿱㓞土變而爲垠。至於圻，我們疑心係由垳譌變的。這些字都是一字的演變，所以其字義相同。又因爲在演變中，有各種字形，所以形成許多不同的字。

㓞字就是⿰咢刂字，然則⿰咢刂何以變而爲㓞呢？這我們以爲乃由於屰、⿱罒亏、咢、手皆一字之譌變的緣故。屰、⿱罒亏、咢諸字的關係，前面已經講過了。手爲屰之譌，我們也可以考見。按朔字是从月从屰。考朔漢以後多作⿰手月，如漢簡『五鳳元年十月丁巳⿰手月』『五鳳元年十二月乙卯⿰手月』漢虎函題字『光和六年十二月丁丑⿰手月』。晉荀岳墓誌『元康五年七月乙丑⿰手月』。後秦宋憲墓表『弘始四年十二月乙未⿰手月』。元魏元顯儁墓誌『延昌二年二月丙辰⿰手月』。這許多朔字都作⿰手月，可知朔字所从作之屰，自漢以至南北朝時代都作手，而手爲屰之變也由此可見。屰可以變爲手，則㓞爲⿰咢刂之變，豈不很明顯。說文謂⿰咢刂『籀文』作⿱㓞各，集韻謂垠『古文』作⿱㓞土，由此看來，似未必正確。⿱㓞各、⿱㓞土之出現，恐猶是秦漢以後的事。

甲骨文有□字，此係何字，學者解釋甚爲紛異。卜辭云：

「（缺）未卜内□貞（缺）。」（龜一、二六、十）

「癸未卜，實□貞旬（缺）。」（同上一、二六、十一）

「（缺）□□貞旬亡囚。」（同上一、二七、十）

「（缺）□貞旬亡囚。」（同上）

「（缺）□貞旬（缺）。」（徵貞二九）

「癸未卜，□□貞：旬亡囚。」（同上）

「癸酉卜，□貞：旬亡囚。」（甲三一七七）

「癸酉卜，□貞：旬亡囚。」（同上）

「癸未卜，□□（缺）。」（寧二、二二）

這種卜辭句法與一般卜辭微有不同。一般卜辭皆卜人人名與貞字相屬，云某貞。其不著卜人者則逕云卜貞。而這種卜辭在卜人與貞字之間或卜字與貞字之間加一□字。郭沫若謂此係人名。此爲二人共貞。但我們覺得，這樣解釋是否的確，似不無疑問。卜辭二人共貞者除此以外，絕無所見。何以與人共貞者只有這一個人而無別人呢？這豈非顯然是有問題？我們以爲這不能解爲人名。這應就是契龜之契。按此字字形很清楚是象兩手持□之形，□也必是工具。

而↓很明顯與▽相同，只上加一柄而已。▽就是剞劂，可知此字義必爲契刻。此蓋謂契龜而貞問。

此字我們以爲乃是朕兆的朕字。說文云：『朕，我也。』爾雅釋詁云：『朕，我也。』說文只有義爲我之朕，而無朕兆之朕。段玉裁謂朕本義爲舟縫。（注八）這實是錯誤的。我們以爲朕兆之朕與義爲我之朕初實非一字。義爲我之朕見於甲骨文，作[glyph]，此即朕字，必無可疑。但朕，卜辭義即爲我，必不可能引申爲朕兆。我們以爲朕兆之朕原即是[glyph]，朕兆即以[glyph]契龜所呈之兆。[glyph]又可省爲[glyph]，此與朕所从作之[glyph]形幾全相同，[glyph]、[glyph]形近，故後世遂致相亂，而以朕爲[glyph]。按朕兆又稱墉兆。墉，我們說就是[glyph]，墉兆即以[glyph]契龜所呈之兆。[glyph]義與[glyph]相同，其義爲契龜更必無可疑。而▽、[glyph]一物，也由此可證。

總上所述，可知辛、辛、[glyph]（[glyph]）是農器又是刻鏤的刀，必無疑問。我們說鐵字所从作之▽是農器，由此更可以肯定。

注一　見釋辥，觀堂集林卷六。

注二　見釋干支。

注三　見莊子釋文。

注四　徐鉉本作：『从辵辪，辪亦聲。』此據段氏本。

注五　商承祚殷墟文字類編，孫海波甲骨文編皆無[illegible]字。此字唯見於殷墟文字甲編一〇四片，辭殘，不能知其義是否爲君。

注六　參看王氏釋辥。

注七　見釋辪，觀堂集林卷六。

注八　見說文朕字注。

六　釋臿

臿也是我國古代重要的農器之一，說文云：

『[illegible]，芣臿也。』

『芣，兩刃臿也。』

『梠，臿也。』

『鑼，梠屬。』

『銛，鍤屬。』

『鈂，臿屬也。』

這許多農器雖未必真的就都是臿，但由這裏所列舉的情形看，臿是主要的農器，可以想見。釋名云：

『鍤，插也。插地起土也。』

鍤即是臿，臿當是直刺的農器。方言云：

『臿，燕之東北，朝鮮洌水之間謂之斛，趙魏之間謂之喿。』

淮南子精神訓高誘注云：

『臿，鏵也。』

斛就是銚，也就是鍫。臿蓋即是現在我國農民猶使用的鏵鍫。

臿這種農器我們以爲最早也就是□，與辛、銍即是同一種農器，以後改進遂成爲後世的鏵鍫。

臿字我們以爲其初文也就是□字。此字以及此字所从作之□及□，學者解釋，甚爲紛異。□及□唐蘭釋才，即臿。

『（略）□□二體當以□爲正體，□爲變例。□即才字也。卜辭才字有作□者，當是原形，蓋與午（杵）爲同類而銳首，即臿也。其後由□變爲□爲□，而所象之形晦，説文訓爲艸木之初而其義更晦』。（天壤閣甲骨文存）

此説實完全正確。只□與□，及臿與杵的關係，我們覺得，還微有不夠明白。□□就是臿這種工具，則□乃是象兩手持臿勞作之形。臿我們以爲原是□，是個動詞，後乃作爲工具。猶犂原爲動詞，後假爲農器一樣。

說文云：

『臿，舂去麥皮也。从臼，干所以臿之。』

又云：

『舂，擣粟也。从廾持杵臨臼上。午，杵省也。』

臿是舂去麥皮，舂是擣粟，二者顯係一事。是以臿舂二字字義實相同。又這兩個字都是會義字，都象用工具舂米或麥，是此二字創造的時候，構義也是相同的。這兩個字字義相同，字形所表示的意思又相同，我們以爲最初必原即是一字，其字形所以不同，乃是後世文字在發展變化中形成的。舂字篆文作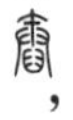，彝器伯舂盉作，皆象『从廾持杵臨臼』之形。但毛公鼎『命女辪我邦家内外惷于小大政』。舂作，惷字所从作之舂只作而不从臼，可知即是舂，與甲骨文形狀顯然相同，至少其所表示的意思一樣，二者必係一字。由此可知必爲臿舂字無疑。既爲臿舂字，則其兩手所持之工具必爲午臿了，這也就是說及，必就是工具之杵及臿。又說文有𦥸字，云：『齊人謂舂曰𦥸，从臼屰。』𦥸與舂、臿同義而字从屰作。我們前面說屰就是，與即是一種工具，由此更可證臿必就是。

這裏只有一點須稍說明。即臿義爲插地起土，何以又爲舂？這也就是說，舂是起土的農器。何以又是舂米的杵？段玉裁謂臿義爲鍫臿，乃是舂之引申。他説：

『凡穀皆得云臿也。引伸爲凡刺入之稱，如農器刺地者曰鍫臿。』

這實是不正確的。凡文字字義引申，必原始義在前，引申義在後。若如段氏之説，臿地起土係由舂引申，則舂米舂麥的發明當在臿地種田之前，這與歷史的事實顯然不合。我們以爲臿與舂字形相同，字義相同，乃因杵、臿原即是一種工具的緣故。往後發展，杵、臿乃分而爲二，一用以舂米，一用以起土。最初在石器時代，石杵的功用大概與石鍫没有多少分别，它可用以舂米，也可用以掘地起土。後來金屬發明，掘地起土用的改用金屬製造，而舂米舂麥用的則仍用石製造，於是杵、臿逐分而爲二。因爲杵、臿原是一物，所以臿、舂二字猶保存了相同的字形和字義。又因爲臿改用金屬製造以後，有銳利的鋒刃，所以臿字又增加一▽形。甲文臿作↓和[glyph]，乃是从午从▽，這就説明這一發展的情况。

↓之演變則爲才（才）。才，卜辭假爲在字。但我們覺得才之本義實爲栽，按才卜辭除假爲在以外，又與𢦏相通。如𢦏義爲災，𢦏或作𡿧，但也有逕作才者。

『乙亥，貞：王子田，亡才。』（續三、三三、六）

『貞：[glyph]方出，不隹[glyph]我才囚。』（珠一七一）

『亡才』顯就是『亡𡿧』『亡𢦏』，『才囚』必更是災禍。又卜辭每云『亡壱才畎』。我們疑心才義也爲災，這乃是説無壱、無災、無禍。由此可知𡿧應就是才，𡿧乃是才之變。又𢦏義爲殺伐、殺傷，中義也爲殺傷。如卜辭云：

『貞：勿令中北古廾人。』（續五、二六、九）

『五牛用中。』（粹五五二）

中義顯爲伐及殺。中與𢦏相通，而𢦏又从中作，因此，我們疑心這兩個字字義完全相同。𢦏義爲裁，中義也爲裁。按卜辭又云：

『□子貞：王比（偕）沚或中，中□月。』（續六、二二、十）

此處才皆是不接物動詞，無論訓在，或災，或殺伐，皆不可通。我們以爲這義必是栽。按第二辭同版猶有一辭云：『貞，勿乎圃。』這必是同時卜問栽種的。將此二辭聯繫起來看，更足見中義必爲栽無疑。中是由↓演變的，↓是農器，中直畫中貫，我們疑心即表示以臿刺地之義。

臿，我們以爲應也是鐵製的。因爲臿與辛、銍是同樣的工具，辛、銍是鐵質的，臿自也是鐵製的了。又説文有鍦字，云：『鍦，臿屬也。……一曰：鎣鐵也。』徐鉉本云：『鍦，臿屬，一曰鎣鐵也。』鍦是鎣鐵，又是製臿的金屬，是臿非鐵製的而何。鍦，徐鉉本謂是農器，是鐵所以又名鍦，也必因是用以製造鍦這種農器的緣故。只是鍦究是什麼農器。是否就是臿，我們猶不能考知。

又説文有鏊字，云：『河内謂臿頭金也。』鏊顯然就是敝。説文云：『敝，帗也。一曰：

敗衣。』按甲骨文也有敝字，作[illegible]或[illegible]。卜辭云：

『王其剛敝鹿。』（拾六、十一）

『丁卯，王戟敝[illegible]車馬（缺）。』（續五、四十、二）

敝義蓋爲捕殺，應即爲斃字的初文。此字初義蓋爲捕獸，引申爲斃，爲敝敗。敝从巾从攴，巾當是捕獸的武器。㽬頭金名鏨，疑也即因敝是金屬製造的。㽬頭金既是鐵製的，則敝也應是鐵製的。這也可證明鐵是以其所製造的工具之名爲名。

㽬字既已明確，則十二辰的午字也就可以瞭解了。午字說文謂是『象形』，『與矢同意』。羅振玉謂『象馬策』。而郭沫若又謂象索形，是馭馬轡。

『午，牾也。五月，陰氣午逆陽，冒地而出。此與矢同意。』（說文）

『說文解字，御使馬也，从彳从卸。古文作馭，从又从馬。此从彳从[illegible]，[illegible]與午字同形，殆象馬策。人持策于道中，是御也。或易人以[illegible]而增止。或又易彳以人，或省人，殆同一字也。』（增訂殷墟書契考釋）

『[illegible]羅氏以爲象馬策形。余疑當是索形，殆馭馬之轡也。其作[illegible]者，亦猶[illegible]之作[illegible]。从[illegible]作之者——乃是策形。金文之作[illegible]者，殆誤以爲杵形而譌變。知其爲杵者，蓋[illegible]舂字古文均从此作也。』（釋干支）

許氏之說，不用說，一望便知是錯誤的。這顯由午篆文作[illegible]，形畧與矢相似而附會的。羅郭二氏之説，我們覺得，也難令人首肯。羅氏謂午是馬策，郭氏謂午是馬轡，主要的原因是他們由卬字推測午字的字義，他們以卬字的本義爲御馬，卬義爲御馬，所以午不是馬策，便是馬轡，這種推測的方法是否正確，我們覺得，實屬疑問。因爲這樣的推測，必須首先肯定卬字的始義是御馬，但卬字的始義是否是御馬便不能定。御字的始義既不能確知其是御馬，則又何由而推知午是馬策或馬轡呢？説文云：『御，使馬也。』古文作馭。由此看來，則御義爲使馬實不是古義，而是後世假用的字。又從卜辭看，我們也看不出卬義就是使馬。卜辭卬除爲祭名外，有下列的用法：

『丙辰卜，貞：徣（缺）卬方（缺）。』（坊三、六二）

『丁巳卜：王令卬方。』（師友、一、六〇）

『（缺）㱿貞：乎卬羌。』（粹一一六八）

這裏卬義顯爲抵禦。

『（缺）未卜：王勿令𠂤朕黍卬。』（佚二一五）

『（缺）未卜：王勿令𠂤朕黍卬，四月。』（佚六一八）

此處卬義必非抵禦，必也不能訓爲御馬之御。以辭觀之，卬義當爲治。

我們以爲午字的字義仍當由舂臿二字尋求，午即是杵。午字甲骨文作、、、、、等形。僅第二種象繩索之形，餘皆不象。金文午作、、

□、□、□。無一作□者。我們以爲午正象杵形，甲骨文或作□，乃因契刻僅刻線條輪廓的緣故。實非繩索。又秦字說文云：『从禾，舂省。』按甲骨文秦字作□（戩三七、七）或□（後下三七、八）或□（甲五七一）秦所从作之舂也从□作，總不能說這也是繩索馬辔了。郭沫若謂金文誤以索爲杵，似未免錯誣古人。

卜辭云：

『（己巳卜，逐）麋，□□。』（佚四一四、粹九五九）

□商承祚釋午，郭沫若釋幺，云：『不知何意。』按從字形看，□，很清楚，必是午字無疑。『□午』，由辭義看，蓋謂擒擊。這乃是說逐麋而擒擊之。午義爲擊，可知也必是捕擊禽獸的武器。由此可知，杵最初必是用以舂穀，用以掘地，也用以擊獸。以後進步，杵演變而爲臿。杵臿分而爲二。午就是杵，則卸字字義便可得而知。卸从午从人，意必爲人以杵種地，用杵禦敵。卸義爲治，當是引申義。其義爲使馬，應是假借。

七　釋□（襄、鑲、鉶、鍇）

甲骨文有□字。此字學者或釋戰，或釋龠，或釋襄。因爲在卜辭中，此字的字義比較難解，所以此字應釋何字便也不易確定。我們以爲此字可以釋龠，也可以釋襄，即說文之𤔲字。

龠、襄、𤕦乃一字的演變。換句話説，三字係屬同源。

説文云：『𤕦，亂也。从爻工交吅，一曰窒𤕦。讀若禳。』從字形講，𤕦與㗊顯然不同。説文又謂𤕦籀文作𤕰。玉篇謂𤕦古文作𢀷。𤕰、𢀷與㗊依然不同。由此，㗊似乎不能釋𤕦。不過，我們覺得𤕦字的構造似不無可疑。説文謂𤕦是从爻工交吅，這對於𤕦字構造的意義未能説出。徐鍇解釋此字云：

『二口噂盃也。爻，物相交質也。工，人所作也。己，象交構形。』

這顯然也是望文臆説。我們覺得，𤕦的字形實看不出其義。此字既不能由字形看出其造字的用義，我們不能不疑心此字的字形是後世改變了的，而不是原形。若此字是後世改變了的，則便不能據此推斷它與㗊是否原即一字。

从𤕦作的字只有襄字。説文云：『襄，从衣，𤕦聲。』金文有𠷎字，學者或釋襄。如𠷎是襄字，則㗊應即是𤕦字。不過金文又有𤔲及𤔲字，學者或也釋襄。如此是襄字，則𠷎便不是襄，㗊也不是𤕦。這是很自然的推論。

𠷎字僅見于散氏盤，只是人名，不能據以推知其字義。

𤔲及𤔲解釋頗複雜，或釋克、剋，或釋𣪠。劉心源、郭沫若謂是襄字。劉氏云：

『襄或釋剋，非。説文襄作𢀷，云，一漢令解衣耕謂之襄。从衣𤕦聲。𤕦，亂也。从爻工交吅。一曰窒𤕦，讀若禳。𤕰籀文从乂……考古貨幣文襄垣字作𤔲，又作𤔲，穌甫人匜襄作

□从衣，□象人側身伸兩手解之之形。从土从□即又之變，致力于土，耕義也。□即□形，攴，□即□，幣文蓋省衣从土，乃□字也。□即□譌，工爲土譌，□爲攴譌，己爲□省而移于左。……以此知叔弓鎛□公即襄公也。』（奇觚室吉金文述）

郭沫若據此更謂金文□、□、□等字皆是襄形。他說：

『余案劉氏此釋，確有至理。依此讀法以讀其他與此類似之金文，字字可通。如毛公鼎之「□辥氏辟」襄字也。克鼎之「悤□乒心」讓字也。劉氏已言之。如邾公華鐘之「□龏威忌」實亦襄字。邵鐘之「余□公之孫」，實亦襄公。』

注：

但此說是否可信，實不無疑問。劉氏對於此字的分析，完全是根據襄是『解衣耕』這一觀點的。但嚴格地說，漢令謂襄是『解衣耕』是否正確就大有問題。農民勞動耕作的時候，爲着便於工作或因勞動而覺得熱，誠然往往脫去外衣的，古人何以獨爲『解衣』耕而特造這個字呢！這于理似乎難通。我們以爲襄字義原就是耕，無所謂『解衣』。所謂『解衣』耕，乃是漢代無知的法官望文臆說的。他們見襄字从衣作而不知其故，故胡亂解釋。這和『馬頭人爲長』『人持十爲斗』，以及『苟之字止句』同樣的無稽。襄字義既不是『解衣』而耕，則劉氏謂『□象人側身伸兩手解之之形』便靠不住。又劉氏所說□□二字的演變也是無根據的臆說。□是否就是襄字，便大有可疑，而劉氏所說，□譌變爲□的情形，除劉氏自己的想象外，在文字的演變上，也找不出任何依據。至於郭氏謂□就是□及□字，依此而讀金文『字字可通』，我們更覺得實未必然。以□及□爲襄字就不甚妥當，而以毛公鼎『□辥氏闢』爲『襄辥𠬝闢』，克鼎『悤□𠬝心』爲『悤讓𠬝心』，邾公華鐘『□龏威忌』爲『襄龏威忌』，辭義也不通順。我們覺得，不論從字或字義講，釋□及□爲襄實皆難通。這兩個字既不是襄字，自也不是㱿字了。

我們以爲此字的關鍵仍在金文□字。此字僅見于㝬鼎。其銘辭云：

『王令遣（？）載東及夷，㝬肇從遣征，攻□無啇（敵）。』

□舊釋戰，郭沫若釋龠，即𨇨。

『攻□無啇，實亦龠字，當讀爲𨇨或躍。許書：「𨇨，趠𨇨也。趠𨇨即跳躍。易萃之六二，孚乃利用禴。」釋文云：「蜀才作躍。」知禴躍可通，則知㗊躍亦可通矣。故「攻㗊無啇」實是攻躍無敵。』（釋言龢）

釋戰自屬錯誤，但以㗊爲𨇨躍，亦未見其當。以㗊義爲跳躍，辭義仍然不甚妥帖。戰爭既不是比賽跳高跳遠，何能説攻躍無敵呢？㗊字于此義自爲攻擊。我們以爲就是襄字。詩出車：『赫赫南仲，玁狁于襄。』襄義實爲攻擊。襄孳乳則爲攘。『攻㗊無敵』義乃謂攻擊無敵。㗊演變爲𨇨，義爲趠𨇨，乃㗊字另一引申義。

還有一個字也可以證明㗊當是㱿及襄字。玉篇有□字，云是『古文刻』。此字正从㗊作，當由㗊得義。說文無⿰㗊刂字而有⿰⿱吅冊刂字，云是古文則字。段玉裁以爲此乃⿰㗊刂之譌變，而誤繫於則字之下者。按叔夷鐘有[glyph]字，薛尚功釋刻。此字字形與⿰㗊刂⿰⿱吅冊刂略同，薛氏所以釋刻，不難推想，必因他以⿰⿱吅冊刂爲古文刻之故。由此可知，說文⿰⿱吅冊刂字實誠如段玉裁所說，原在刻字之下而誤繫於則字下者。由此，⿰㗊刂⿰⿱吅冊刂應即一字。叔夷鐘銘辭云：

『及其高祖，虩虩成唐，又（有）敢（嚴）在帝所，尃（敷）受天命，[glyph]伐頙司，敱乎靈（？）師，伊小臣隹楠（輔）或有九州，處禹之堵。』

這段銘辭是述成唐伐夏而王的。頙是夏字。古鉨夏侯□，夏侯癸，夏皆作[glyph]，與此相同。從文義上講，也非是夏字不可。夏字秦公鐘作[glyph]，秦公𣪘作[glyph]。說文云：『夏，中國之人也。』由字形看，夏字實象人形。上爲人首，中爲人身，下爲人足。頙字蓋將足移于左側。司當爲祀之假借，古祠祀相通，司即是祠。卜辭紀年多稱『某祀』，而有一片則作『廿司』（纂五九七）可知司義必是祀。此辭『[glyph]伐頙司』必即是[glyph]伐夏祀。此是述湯伐夏的，釋[glyph]爲刻，『刻伐夏祀』文義仍不可通。[glyph]與伐連文，義非攘伐之攘不可。[glyph]字即⿰㗊刂字，是⿰㗊刂義當爲攘。⿰㗊刂由㗊得義，即㗊字的孳乳，可知㗊義必爲攘。㗊義爲攘，必即是㲄及襄字無疑。⿰㗊刂義爲刻，蓋也是㗊字的別一引申義。我們以爲應即鑲字的初文。

[glyph]，古文作㪅，說文作㲄，皆不可信，這都是後世譌變的。

由字形看，我們以爲㗊就是耦耕，這乃是象兩件農器同時刺土之形。正是所謂『二耜爲耦』。

關於耦耕，近人多以爲是二人共持一耜，這實是完全錯誤的。二人共持一耜，于理就不通。試問農人耕田爲何必需二人共持一耜呢？如果説耦耕是二人共持一耜，當不外下列幾種理由：一、耜這種農器太重，非一人之力所能舉，必須二人合力；二、土地堅硬，必須二人合力始能刺入；三、二人合力，力量較大，刺土可以更深入。此外我們似再想不出其他的理由了。但我們稍思索一下，便知這幾種理由實皆不能成立。第一，耜這種農器並不是很重，不是一人之力不能舉的，而是一人之力可以拿得起的，無需二人合力。而且我們可以推想，也決不會有這樣笨重的農器必須二人合力才舉得起。因爲農人耕作不需要這樣的農器。第二，耕田的時候，欲起堅土或深入，二人合用一件農器，不唯無益，反而有害。因爲二人共使一件農器，互相牽制，極不方便。反使工作緩慢，不能達到起堅和掘深的目的。與其如此，反不若二人各執一耜，工作靈便迅速，起堅掘深，只需多掘幾下便可。所以，以耦耕爲二人共持一耜，無論如何是説不通的。這只是毫無農業勞動知識的書呆子的話。

近人又往往將耦耕與牛耕對立起來，以爲在牛耕未發明以前，用人力耕種便是耦耕。論語『長沮桀溺耦而耕』，有人便據此以爲春秋時代還是人耕而不是牛耕。這也是錯誤的。最早牛耕未發明以前，誠然是用人力耕田，耦耕誠然也是用人力的，但卻不能將此二者混爲一談。耦耕是耕作方法的一種，是二人共同耕作，此外也還有一人單獨之作，或三人共同耕作的。在牛耕未發明以前固然有耦耕，在牛耕發明以後，依然可以耦耕。它與牛耕並没有前後因果相連的關係，怎能以之與牛耕對立，而謂有耦耕便無牛耕呢？

耦耕實是二人各執一耜，共同耕作。

周禮匠人『耜廣五寸，二耜爲耦』。

説文『耦，耒廣五寸爲伐，二伐爲耦』。

詩噫嘻鄭箋『耜廣五寸，二耜爲耦』。

吴語韋昭注『二耜爲耦』。

賈公彦周禮匠人疏『耜爲耒頭金，金廣五寸，耒面謂之庛，庛亦當廣五寸。云二耜爲耦者，二人各執一耜，若長沮桀溺耦而耕。此兩人耕爲耦，共一尺。』可知自來釋耦耕者皆謂二耜共作，從來就未見有人説二人共持的。賈公彦謂二人各執一耜，尤爲明白。

學者謂耦耕爲二人共持一耜，大概是誤解周禮匠人鄭玄注的緣故。鄭注云：『古者耜一金，兩人并發之。……今之耜頭兩金，象古之耦也。』學者大概即誤以『古者耜一金，兩人并發之』義爲兩人并持一耜。按這句話實不如此解釋。鄭玄箋詩注論語，皆謂二耜爲耦，何忽於此又謂兩人共發一耜？他必不自相矛盾如此。他這裏第一句『古者耜一金』是説耜的形製。他説古者耜一金，蓋欲别於漢時的耜頭兩金。『兩人并發之』，乃謂二人同時發土，並非説二人合用一耜。所以下面又説『今之耜頭兩金象古之耦』。若耦耕是二人共持一耜，則這句話便屬不通了。由此可知，以耦耕爲二人共持一耜，實全屬錯誤。

耦耕是二人各執一耜，共同耕作，[illegible]豈非正象這種形狀。[illegible]當就是二耜，○則表示耜入土之形。畕爲耦耕，由此字的引申義也可以推知。由此孳乳而來的字，有皆、輔助、和諧等義，例如襄字，就有佐助之義，這種字義皆由耦耕共同合作而引申的。

畕是耦耕，象二耜刺地之形，可知耜就是▽，説文云：『耜，臿也。』我們已經説過，臿就是▽，與此完全相合，更足證耜即是▽。我們以爲耒耜也就是由此發展而來的。説文耜从㠯或台作，學者或以甲骨文[illegible]即是耜。據我們看，這實是錯誤的。[illegible]究是何種農器，我們還不得而知，但決不是耜。耜字所以从㠯从台作，乃由文字發展時譌變而成的，不能據此便謂[illegible]是耜。這我們以後研究耒耜的時候再討論。

襄義爲耦耕，孳乳則爲壤、穰、攘、讓、⿰襄殳等字，其字義則引申爲土壤、豐穰、責讓、退讓、毁壞等等。由此又可證勞動對於文字的關係。不僅勞動創造文字，大多數的文字也是由勞動字孳乳的，字義是由勞動引申的。

金文的畕字以及襄、攘義又爲攻伐。很顯然這必因這種農器既是農器又是兵器的緣故。這種兵器，從文字上看，當即是劍之濫觴。劍字从僉作，金文作鐱（吳季子劍）及鑰（郤□句鑵），僉應就是劍字的本字。金文从金，篆文从刀或刃皆是以後增加的。僉，很明顯，就是吅加亼。吅加亼作[illegible]，形正與僉相同。僉金文又作[illegible]，這顯也即是吅加亼的。劍這種兵器學者或以爲發生很晚，劍這種兵器在我國始於何時，現在還不知道。現在所得的劍雖然只有春秋時代的，但不能據此便謂劍到春秋時代始有。即使説劍這種兵器産生較晚，但這也只應説，這種兵器形成後世劍的形製，爲時不十分早，因爲由農器的吅，發展演變而成後世的劍必定經過一個相當的時間。然劍是源於農器的吅，從文字的變化看，似無可疑的。如不拘泥于劍的形制，我們説吅就是原始的劍，亦未始不可。

劍源於吅，從字義上看也可以推見。按僉義爲皆。説文云：『僉，皆也。』舜典『僉曰伯禹作司空』『帝曰疇若予工，僉曰垂哉』『帝曰，疇若予上下草木鳥獸，僉曰益哉』。僉史記都改爲皆。僉義何以爲皆呢？我們以爲這也由耦耕，二人共同耕作而引申的。僉義爲皆是由耦耕引申的，反過來説，可以證明僉字必源於吅。僉既源於吅，則劍必濫觴于此。

吅就是僉字的初文，按玉篇云：『鐱，金。』很明顯，鐱當就是僉。金何以又名鐱呢？這必因僉是金屬製造的緣故。僉是金屬製造的，則吅必是金屬製造的。——姑且不説它是鐵製的。

説文有㤰字，云：

『㤰，疾利口也，从心从冊。詩曰，相時㤰民。』

『相時毌民』乃是尚書盤庚語。毌今本作憸。又書立政『國則罔有立政，用憸人，不訓于德』，釋文云：『憸，本又作毌。』又漢簡憸作毌。是憸、毌二字相通。這兩個字所以相通，學者似不知其故。段玉裁謂憸與毌，『異字，異音，異義』，盤庚作憸，立政或作毌，皆淺人所改。但我們覺得，這恐不如此簡單。説文謂毌義爲『疾利口』，而於憸字云：『憸，詖也，憸利於上，佞人也。』馬融云：『憸，利佞人也。』『疾利口』與『利佞人』不是一樣嗎？二字字義有什麽不同？憸音息廉切，毌，徐鉉亦謂息廉切，聲音也是一樣。二字義同音同，籍典又通用，我們似不能説這兩個字没有關係。

我們以爲毌、憸二字乃是同源。毌也是㗊的省變。這就是毌是㗊省吅加心而成的。憸、毌二字皆是㗊字的孳乳，所以其音義相同，又可以通用。

毌字既明，則刪字也就可以解釋。説文云：

『刪，剟也。从刀冊。冊，書也。』

若依許氏之説，刪字的聲義實皆不可通。若照許氏的説法，則刪字的本義應爲刪書。也就是孔子刪詩書。按孔子刪詩書乃是一件偶然的事，怎麽會爲他一人的偶然的事情而特造一個字呢？這顯然是于理不通，于事必無的。説文又謂刪是从刀冊，若此字之作是从刀冊，則又何由得刪聲呢？這也顯屬難通的。由此可知説文對刪字的解釋必然是錯誤的。

我們以爲刪，和毌一樣，也是㗊字的譌變。即㗊譌爲冊，由冊變爲刪。刪義爲剟，即是除，這與襄義相同。詩墻有茨『墻有茨，不可襄也』。傳云：『襄，除也。』删義爲除，也必由㗊義爲耦耕而引申的。删之字聲也是襄、僉之轉。

玉篇有鉶字，云：『鉶，所諫切。』鉶聲與删相同，可知也必與删一樣由册得聲得義。由此可知，鉶、删應即一字，旁之刀金，皆後世所加，一表示是工具，一表示是金屬製造的。鉶是鐵器，是册必是鐵製的工具。册乃是㗊之省，可知㗊——也即是[glyph]——必是鐵製的。㗊，郭沫若釋龠，釋龠也是正確的。不過，郭氏謂㗊是樂器象編管之形，我們所見則與之不同。

以龠爲樂器，有許多地方不能解釋無礙。孟子云：

『禹疏九河，瀹濟漯而注諸海；决汝漢、排淮泗而注之江。』

又莊子知北游云：

『孔子問於老聃曰，今日晏閒，敢問至道。老聃曰，汝齋戒，疏⿱艹瀹而心，澡雪而精神……將爲汝言其崖略。』

瀹、⿱艹瀹義爲疏通，字皆从龠作，也即是由龠孳乳的，顯然由龠得聲得義。瀹、⿱艹瀹義爲疏通，自是引申義，但若以龠爲樂器，何能引申爲疏通呢？若龠爲名詞，而瀹、⿱艹瀹爲疏通，則爲動詞。換句話説，瀹、⿱艹瀹乃只是將名詞當動詞用。但凡以名詞當動詞用，必名詞與動詞有相連的關係，或即係一事。例如歌字，可作名詞，義爲歌曲，又可作動詞，義爲歌唱。但所歌唱者就是歌曲。又如犁是農器，作爲動詞用則爲犁地。犁地所用者就是犁這種農器。如龠爲樂器，試問樂器能不能用以掘土疏河？由此可知，以龠爲樂器決不能引申爲疏通。

又莊子胠篋篇云：

『彼曾史楊墨師曠工倕離朱，皆外立其德而以爚亂天下者也。』

說文云：『爚，火光也。』此處爚如訓火光，文義難通。釋文云：『司馬引崔云，散也。』訓爚爲散，文義仍不安。我們由文義看，爚義應就是亂。『爚亂天下』，就是擾亂天下。爚應也由龠得義，如龠爲編管，似也不能引申爲亂。

此外，爚義爲火光，鑰或闟爲門鍵。若以龠爲樂器，也皆不能有這種引申義。我們仔細考量，覺得以龠之始義爲編管，實爲困難。

我們以爲龠始義爲耦耕。瀹、蘥、爚、籥、鑰、闟、龢等从龠作的字，皆由龠孳乳，其字義則由耕田起土引申。由耕田起土引申而爲疏浚、疏通。耕田起土將土翻亂，故引申而爲亂。這與擾、攘、毀義爲亂，引申的方法是一樣的。爚與毀義相同，更足證其原爲一字。鑰、闟、籥義爲門鍵，蓋門鍵的形狀與農器的龠相同而假用的。這猶之植假爲門植一樣。

龠義爲管樂，我們以爲是引申義。龠是何種樂器，其形狀如何，自來就無定說。許慎、鄭玄應劭皆謂龠是三孔。詩傳（簡兮）則謂六孔。廣雅又謂就是笛，七孔。郭璞又謂三孔，似笛。學者對於籥有如此不同的解釋，足見籥是何種形狀的樂器，大家實都不知道。他們對於籥的解釋，我們很容易地可以看出，都只是根據某一點而臆度的。許慎、鄭玄謂籥是三孔，乃是根據龠字从三口的緣故。説文云：『龠，樂之竹管，三孔以和衆聲。从品、侖。侖理也。』許慎謂龠从品，正道出他以龠爲三孔之故。但即從文字上講，我們以爲，龠實不从口作。即使説是从口，也不是三口而是二口，這由甲骨文的⿱吅冊和金文的⿱吅冊與龠明白可見。所以許慎、鄭玄等謂龠顯屬臆説。詩傳謂龠六孔，張揖謂龠七孔似笛，乃是根據樂理推測的。因爲管樂决没有三孔的，三孔不能成聲。凡管樂不論横吹或笙簫，必須有六孔或七孔，這樣始能成聲。因此，詩傳便謂龠是六孔，廣雅便謂是七孔。

我們以爲古代實没有籥這種樂器，籥乃是管樂的泛稱。因爲竹管中間是空的，可以吹，所以稱之爲龠。禮記明堂位云：『土鼓，蕢桴，葦籥，伊耆氏之樂也。』葦决不可能作成三孔，或六孔、七孔的樂器，這必是葦中間是空的，可以吹，所以稱爲葦籥。龠意爲空，也是由耕田掘土引申的。耕田掘土，將地掘成穴洞，這種空洞就稱之爲龠。這與掘引申而爲窟，欿引申而爲闕，⿰耒圭引申而爲窪一樣。因爲管樂的竹管是空的，所以假龠稱一切管樂。龠又爲容量的單位，古代十龠爲升。龠所以爲容量的單位，也同樣是由掘地成穴引申的。我國古代度量衡的單位以及貨幣大多是以農器爲標準的。

爚義爲火光，又爲爇。我們疑心這仍是由龠爲工具引申的。這是由用這種工具灼龜引申的。灼龜所用的工具，杜子春謂是用木燃火，而鄭玄則謂用契。周禮大宗伯『華氏掌共燋契以待卜事』。杜子春云：

『燋謂所爇灼龜之木也，故謂之燋。契謂契龜之鑿也。』

鄭玄云：

『士喪禮曰，楚焞置於燋，在龜東。楚焞即契。』

近人言殷時卜法者，見出土之龜版卜骨上有鑽鑿之孔，便以鄭玄之説爲誤，謂契乃是鑽鑿龜，灼則别爲一事，契後始灼，灼龜則用木燃火。（注二）但我們從文字上看，此説實未必即當，而鄭玄之説未必即非。説文云：『焌火在前，以焞焯龜。』士喪禮云：『楚焞置於燋在龜東。』是用以灼龜的實名爲焞。焞當即是甲骨文之𦎫及『敦彼淮鋪』之敦。𦎫敦義爲攻伐，可知必是兵器。説文云：『鏨，一曰千斤椎。』鏨當也即是𦎫。𦎫是兵器，灼龜的工具也稱之爲焞，這二者之間不能説没有關係。灼龜的焞自不能説即是兵器之𦎫，但二者同源，即同一種工具的發展，當是可能的。灼龜之焞與兵器之𦎫同源，我們以爲恐不是木。又周禮菙氏云『凡卜以明火爇燋，遂歈其焌契以授卜師。』由這幾句話，似不能不承認灼龜是用契。若以契爲鑽鑿，契后再灼，則此處『遂歈其焌契』便屬不通。説文云：『焌，然火也。』焌義爲然火，則『焌契』自是以火燒了的契。契用火燒，必是用以灼龜，如契是鑽鑿，則無需燃燒。由此可知，灼龜實用契。契焞皆是用以灼的，所以鄭玄説焞即是契，實屬不誤。灼龜是用契，契是契刀，更足知必不是木。灼龜蓋用金屬製造的契刀燒熱，以灼龜骨。這乃因爲龜甲及牛骨非常堅緻，必須這樣才能灼入甲骨，使之坼裂而呈現兆璺。如用木枝燃火，則木枝觸及甲骨，火即熄滅，必不能使甲骨灼裂。這於理也是很明白易知的。

契龜又稱灼龜。灼義爲炙，爲爇。灼義何以爲炙爲爇呢？這我們以爲仍起於以契刀灼龜。按灼與燭、爥同義。灼義爲炙，但也爲明。詩桃夭『桃之夭夭，灼灼其華』。燭，說文謂『庭燎火燭』。但義也爲明。說文無爥字。按東都賦云：『散皇明以爥幽。』爥義顯爲燭。韻會云：『爥，照也。一通作燭。』可知燭爥一字。爥、燭、灼三字義同音同，其間當有關係。我們以爲燭、灼，皆爥之省。即爥省爲燭，燭省爲灼。此字應由屬得義，屬實由厥、屬譌變的。（詳後）推原其始，仍爲▽。灼字源於▽，可知契龜又稱灼龜，也必因用▽燃火灼龜的緣故。爥、燭、灼義爲明，灼義爲炙爲爇，當也由此引申的。

又灼與焯相通。灼龜說文作焯龜。書立政『灼見三有俊心』。說文引作『焯見三有俊心』，這兩個字相通。我們覺得，不能僅用二字聲音相同假借來解釋。我們以爲這兩個字相通，也由於二者是同一工具，也就是二字同源的緣故。前面我們已經說過，卓與到同義，也是▽形的農器。豈不很顯然，這也就是灼龜的契刀。玉篇有鋽字，云：『鋽，燒器也。』鋽是燒器，但玉篇並未說是什麼燒器。更未說是炊爨烹飪的用器，這必是顧野王不知這是什麼用器而只是搜集的古義。我們以爲『卓』即是灼龜的契刀，鋽訓燒器即因燃以灼龜的緣故。

按爚與灼義相同。說文云：『爚，火光也。一曰爇也。』於灼字云：『灼，炙也。』廣雅釋詁云：『灼，炙爇也。』灼義又爲明。是爚、灼二字義全相同。又禴、礿二字也相通。説文云：『礿，夏祭也。』而周禮大宗伯云：『以禴夏享先王。』又詩天保：『禴祠蒸嘗，于公先王。』釋文云：『禴本又作礿。』由此更可知勺、龠也必同義。我們説，灼，也即是勺，推原其始，實是丫，而龠則是卝，二者即是同一工具。由此可知爚也必和灼一樣是由燃契灼龜而得義的。爚灼、爚礿字義相同，原因也必即在此。

總之，我們以爲龠決不是編管，龠乃是農器和契刀。其他由龠孳乳的字，字義皆是由農器及契刀二者引申的。

龠字字義既明，則龢字之義便也可以理解。龢字是㗊字的孳乳，其義爲和諧，我們以爲實不是因其爲樂器，而也是由耦耕引申的。因爲耦耕是二人合作，故引申爲和諧。在我國文字中，與龢相類的，如獨、特、奇、耦、協等表示抽象觀念的字，實都是由勞動引申的。

㗊，我們以爲也就是諧字的初文。諧説文作龤，而龤又與龢同義，可知龤也必由龠得義。又廣雅釋詁云：『諧，耦也。』又云：『耦、和，諧也。』諧與耦同義，更足證諧必是起於耦耕。

金文有勵㗊二字，我們以爲也應釋諧。勵字郭沫若也釋龢，還有釋嗣的。按彝器銘辭云：

『巠念氒聖，保祖師華父，勵克王服，出納王命。』（大克鼎）

『丕顯皇考穆穆，克哲氒德，嚴在上，廣啓氒孫子于下，勵于大服，番生不敢弗帥井皇祖

考，不杯元德。』（番生𣪘）

『乍朕皇祖幽大叔𨽍𣪘，即其□□，降余多福緐孷。廣啓叔身，勵于永令。』（叔向父𣪘）

『皇考其嚴在上，數數□□，降余魯多福亡疆，隹康右屯魯，用廣啓士父身，𡳿于永□。』（士父鐘）

『女（汝）乃聖祖考，克□右先王，乍氒□，用夾輔氒辟，亶大命盩，𡳿雩政□，皇帝亡昊（？），臨保我氒周。』（師訇𣪘）

『𢇍乍朕皇考䵼彝，𢇍用亯孝于朕皇考，用易康勵魯休屯右，眉壽永命霝冬。』（微𢇍鼎）

『……克其日䵼朕克辟魯休，用匃康勵屯右，眉壽永命霝冬。』（小克鼎）

從文義看，此處勵、𡳿，釋嗣皆不可通。此處勵、𡳿義皆爲龢諧，但釋龢似也不妥。按龢从龠从禾，是以禾表聲的。勵、𡳿不从禾作，當不讀龢聲，也即不能逕釋龢。我們以爲勵、𡳿應釋龤。釋龤文義依然可通。

又彝器銘辭云：

『奠井叔霝㗊鐘，用妥賓。』（奠井叔鐘）

『易汝史小臣霝㗊鐘鼓。』（大克鼎）

『協于我霝㗊，俾龢俾孚。』（者減鐘）

㗊，郭沫若釋龠，謂『疑以籥爲調協鐘鼓之器』，（注三）又謂『古人調鐘似以籥爲音媒』。（注四）我們以爲這也應爲龤。霝㗊鐘鼓義蓋謂鐘鼓之聲和諧。

又彝器銘辭云：

『甬（用）乍宗彝尊壺，後⿱㗊几用之，戠（職）在王室。』（曾姬無卹壺）

⿱㗊几與士父鐘及師訇鼎之⿱㗊冊相同，自即一字。⿱㗊几字在此，很明顯地，必不能釋龢。此字學者或釋嗣。於此釋嗣固可通，但卻不能解釋士父鐘及師訇鼎，所以以⿱㗊几釋嗣仍不妥。我們以爲此處⿱㗊几義當爲皆。『後⿱㗊几用之』即『後皆用之』。⿱㗊几義爲皆，益可證明⿰㗊力、⿱㗊冊必不是龢而是龤。

總之，我們以爲龤與龢相同，實源於㗊，后演變爲金文之⿰㗊力及⿱㗊冊。說文作龤，从皆乃是表聲的。這乃因爲㗊、⿰㗊力之讀皆聲後人不知，故加皆以表聲。

我們疑心鍇字即由龤譌變的。說文云：

『九江謂鐵曰鍇。』（三蒼同）

廣雅釋器云：

『金，鍇鐵也。』

方言云：

『鍇，堅也。自關而西，秦晉之間曰鍇。』

鍇爲鐵，義又爲堅固。這從文字上看，實不易知其得義之由。鍇从皆作，皆字的初文，我們以爲是甲骨文的⿰𠃌𠃌字。⿰𠃌𠃌是象二人同行，實爲偕字。偕不可能爲鐵，也不能引申爲堅固。

所以此字必不是由皆得義。這裏最簡單方便的解釋，自爲假聲。即鍇是假皆聲，其義爲堅固，則由其爲鐵引申的。不過，這樣方便的解釋能否令人首肯，恐不無問題。

據我們考察，鐵的各種不同的名稱都由其所製造的農器而得名，鍇似也不能例外。因此，我們疑心鍇也是農器，『鍇』這個字是由文字變化而來的。

説文龠部字的變化有一種現象，即龠逐漸地省變。例如龢字，金文就有龣、龢、龤（余義鐘）咊、禾（𦔻鐘）等五種寫法。又如吹字，説文作籥，周禮作歙，而説文又作吹。（注五）由此，龠字逐漸變化而喪失，顯然可見，龤字，我們以爲，也與此同樣的變化。説文有龤、諧、喈等字，而訓釋皆不同。

『龤，樂龢也。』

『諧，詥也。』

『喈，鳥鳴聲。』

『湝，水流湝湝也。』

我們以爲這必是一字之變。堯典『八音克諧』，説文引作『八音克龤』。諧顯然是龤之變。詩雞鳴『雞鳴喈喈』。卷阿『鳳凰鳴矣……雝雝喈喈』。鼓鐘『鼓鐘喈喈』。喈喈都是狀聲音之和諧的，可知也必是龤諧之省變。詩鼓鐘『淮水湝湝』，湝湝是狀流水之聲的，當也是龤諧之變。不僅龤、諧、喈、湝字義相同，而且字形的變化也與龢、龣、咊、禾相同，其爲一字之變，似無可疑。

鐳字既有這樣的變化，即：『龠』漸漸地省去，而只余『皆』。因此我們疑心鍇字之來，也即如此。鍇原就是㗊，因『㗊』『皆』聲同，後世假『皆』爲㗊。又因鐵是金屬，故加金。又詩北風：『北風其喈，雨雪其霏。』傳云：『喈，疾貌。』此處喈恐不僅狀風之迅速，當也狀風之強大。喈當有強勁之義。這與鍇義爲堅固略近。由此可知喈、鍇當係同源。

如果我們這種考察不誤，㗊就是鍇，則㗊所从作之[illegible]，當是鐵製的。

現在，我們再考察一下㗊在卜辭中的用法。

『壬子卜，旅貞：王賓㗊亡𡆥。』（前五、十九、二）

『乙丑卜，貞：王賓㗊亡𡆥。』（前五、十九、四）

『（缺）賓㗊（缺）𡆥。』（龜二、七、四）

此處㗊，學者都以爲是禴祭。這實是錯誤的。按禴祭乃是祭祀先公先王的，而這種卜辭從未見有祖先之名者，可知必不是對祖先的祭祀。我們以爲此處㗊應就是禳。這裏可注意的有兩點：一是無先公先王，一是辭末用『亡𡆥』。卜辭辭末往往用『亡戋』『亡𡿧』『亡冎』『亡壱』『亡尤』『亡𡆥』等語。這種語辭的用法是不同的。大凡田獵的卜辭，辭末都用『亡𡿧』『亡冎』『亡戋』。祭祀的卜辭，則用『亡壱』『亡尤』。至於『亡𡆥』，則用於卜夕、卜旬、卜外出。這種用法雖不是絕對的嚴格，但絕大多數是如此的。這種語辭的用法既有區別，其含義也必不同。

『亡巛』『亡𡆥』『亡戋』，很明顯，義爲無災。『亡壱』『亡尤』，義當爲無禍。𡆥學者釋禍，這是正確的。卜辭每言『夕福亡𡆥』及『藝福亡𡆥』，𡆥與福爲對文，其義非爲禍福之禍不可。卜辭中卜夕、卜旬、卜外出的卜辭，都云『亡𡆥』，當是問這一夜、一旬，或外出，有無意外之禍的。我們這裏所舉的卜辭辭末都用『亡𡆥』，與卜夕、卜旬、卜外出問有無意外之禍相同，足見必不是祭祀。咼，我們以爲是襄字，襄、禳顯係一字之變，所以以此處咼非爲禳不可。説文云：『禳，磔禳，祀除厲殃也。古者燧人禜子所造。』

鄭玄云，『卻災異曰禳』，禳是卻除災殃的，所以説，『咼，亡𡆥』。

卜辭又云：『戊戌卜，□貞：王賓中丁彡，咼，亡𡆥。十月。』（粹二二〇）

『戊戌卜，尹貞：王賓父丁彡，咼，亡𡆥。』（佚三九七）

『戊午卜，旅貞：王賓大丁彡，咼，農，亡尤。十一月。』（戩二九）

『壬辰卜，旅貞：王賓太丁彡，咼，農，亡尤。十一月。』（續一九、二）

『（缺）甲彡，咼，叙，亡尤。在十二月。』（庫方一七六九）

『乙巳卜，旅貞，王賓戔甲彡，咼，叙，□。』（粹二二六）

這種卜辭皆有祖先，咼似可釋禴。但我們以爲這仍應釋禳。這裏值得推敲的依然是『亡𡆥』和『亡尤』的用法。在這種卜辭中，顯然有一種現象，即：與咼直接相接者，往往仍用『亡𡆥』，其不與咼直接相接者，則用『亡尤』。這其間也必有原因。

於此，彡是祭祀，毫無問題。叡，學者也以爲是祭祀。這我們覺得恐不完全正確。在卜辭中，可以看到一種情形，即，叡之舉行往往是在祭祀之後，而且也不記祖先。

『癸酉卜，行貞：王賓父丁歲三牛，衆兄己一牛，兄庚，亡尤。』（後十一、十九、十四）

『癸酉卜，行貞：王賓叡亡尤，在十月一。』（同上）

『乙卯卜，行貞：王賓毓祖乙歲宰，亡尤。在九月。』（龜一、十二、十五）

『乙卯卜，行貞，王賓叡亡尤。』（同上）

『乙亥卜，行貞：王賓小乙咎，亡尤。在十一月。』（粹二七九）

『乙亥卜，行貞：王賓叡亡尤。』（同上）

『丁丑卜，行貞：王賓父丁咎，亡尤。』（同上）

『丁丑卜，行貞：王賓叡亡尤。』（同上）

這裏叡顯然可見都與祭祀同日，而且在祭祀之後舉行。説文云：『叡，楚人謂卜問吉凶曰叡。』但，我們從卜辭末用『亡尤』看，覺得恐未必如此。我們以爲叡乃是問祭祀之當否的。即在祭祀之後，再卜問一下祭祀是否合禮。我們疑心贅字義即源於此。説文云：『贅，以物質錢。从敖、貝，敖者，猶放；貝，當復取之也。』這一望便知其錯誤。詩桑柔云：『哀恫中國，具贅卒荒。』贅字已見西周之詩，若贅字的本義是『以物質錢』，豈非遠在西周以前就有高利貸了。這恐與歷史事實不合罷？許氏之説，顯然是由戰國以來的贅婿附會的。按叡、贅一聲，說文叙作𣪘、賚或作𧸇、𧶠，賚顯是叙字的孳乳。賚，我們以爲其義即起於叙，因爲叙是祭祀之後照例舉行的，久之，成爲一種『例行公事』，幾乎是多餘不必要的。因此，以後多餘和不必要的便稱之爲叙，文字演變則成爲賚。

叙字還有一種用法：『丁未卜，行貞：王賓父子丁歲五牛，叙亡尤。』（戬十八、十三）『戊午卜，行貞：王賓父丁歲二牛，叙亡尤。』（粹三〇六）『（缺）酉卜，行貞：王賓祖丁（缺）妣己歲，叙亡尤。』（庫方一〇四四）『壬申卜，尹貞：王賓（缺）𢆶，衆兄庚𢆶，亡尤。』（粹一一一）『乙巳卜，尹貞：王賓妣庚歲，叙亡尤。』（戬八、三）『丙寅卜，尹貞：王賓父子歲三宰，叙亡尤。』（庫方一一九〇）

由上一種卜辭辭例推察，這種卜辭，顯然可見，乃是上一種卜辭刻辭的省略，這乃是將上一種的兩條卜辭合而爲一。卜辭這種辭例既已明白，則前面所舉的『彡𠱠』和『彡𠱠叙』的卜辭也就可以瞭解。這也必和上面的卜辭一樣是刻辭的省略，這樣，則『彡𠱠』乃彡祭之後又𠱠，『彡𠱠叙』乃是彡祭之後又𠱠，𠱠以後又叙。第一種因爲最後是𠱠，所以辭末用『亡囚』，第二種最後是叙，所以用『亡尤』，由此分析，可知此處用『亡囚』，依然與『賓𠱠亡囚』是一樣的。因此，𠱠應當還是禳。

前面我們曾說丂也不是對祖先的祭祀。按丂卜辭的語法作：『賓丂亡囚』與𠱠一樣，此二者的性質應大致略同。㗊是禳除災厲，丂應也是相類的。論語云：『鄉人儺，朝服而立於阼階。』郊特牲云：『鄉人禓，孔子朝服而立於阼。』二者所記即係一事，難當就是禓，段玉裁謂禓本是裼。按禓與丂一聲，疑丂就是禓。月令『季春之月……命國難，九門磔攘，以畢春氣』。鄭玄注云：『此難……難陰氣也。此月之中，日行歷昂，昂有大陵積户之氣，氣佚則厲鬼隨而出行。命方相氏帥百隸毆疫，又磔牲以禳於四方之神，所以畢止其災。』又月令：『季冬之月，命有司大難，旁磔。』鄭玄注云：『此難……難陰氣也……此月之中，日曆虚危，虚危有墳墓四司之氣爲厲鬼，將隨强陰出害人也。』

郊特牲鄭注云：『禓，强鬼也。謂時儺，索室毆疫，逐强鬼也。』

周禮方相氏云：『掌蒙熊皮，黄金四目，玄衣朱裳，執戈揚眉，帥百隸而時難，以索室毆疫。』據此，禓實是驅鬼，這與禳爲卻除殃厲顯然相類，我們說，丂與禳性質是相同的，禓與禳也相同，丂就是禓，豈不是很可能的。這種原始的宗教習俗，大概在周代的統治階級中已經没有了，而民間直至春秋末還保存着。

我們說，在我國文字中，有許多表示抽象觀念的字原都即是農器或農業勞動的字，抽象字義是由生産勞動引申的。前面，我們曾説過利、釐、剾、特、奇、耦、龢、諧等字。此外還有怪、異、協、能等字，我們以爲也是由農業耕作引申的。這裏再討論一下。

怪字我們前面已經説過，文作□即圣字。説文謂汝潁之間謂致力於地曰圣，圣義自爲耕種。圣很明顯必就是怪字。怪義爲異，必是轉輾引申的。

説文云：『異，分也。从廾，从畀。畀，予也。』我們以爲異之本義實爲耕。呂氏春秋爲欲篇云：『晨寤興，務耕，疾庸棋。』高誘云：『棋，古耕字。』棋就是異，从木是後加的。可知異義必爲耕無疑。甲骨文有□字，我們以爲就是異字。這從字形上是明白可見的。□从田从廾，廾後世變爲共。如龔字甲骨文、金文皆作龏，而後世作龔便是顯例。説文謂異从廾从畀實誤。異，卜辭是國名：

『□伐□。』（後下、二六、十一）

『貞多犬及□。』（續二、二四、一）

『貞多犬弗其及□。』（同上）

協義是由合力耕作引申的，是很容易看出的。説文云：『劦，同力也。从三力。』這已説明劦是三人合力工作。協从劦作，即劦字的孳乳，所以協義必是由劦引申的。甲骨文有□字，或省作□。這是劦字，學者已無異義。卜辭云：『（缺）大令衆人曰，劦田，其受年，十一月。』（徵，歲五）

『庚子卜，貞：劦，其酌於祖辛壽（禱）屮彳歲用。』（佚八八七）

劦義爲耕田，甚爲明白。劦蓋象三个农器同时工作。

甲骨文有□字，金文作□，此字宋代學者釋協。金文銘辭云：『師秉明德，叡敷明

刑，虔敬朕祀，㠯受多福，⿱⿲耒耒耒⿲犬犬犬龢萬民。」（秦公鐘）

「⿱⿲耒耒耒⿲犬犬犬於我霝鼎，卑龢卑孚。」（者減鐘）

「⿱⿲耒耒耒⿲犬犬犬龢萬民」與堯典「協和萬民」完全相同，者減鐘之⿱⿲耒耒耒⿲犬犬犬，義也非爲諧協不可。此字釋協實甚的。此字上爲三耒，（注六）下爲三犬，其義也必爲三耒同時耕作。甲骨文从二耒二犬，其義蓋爲二耒同時耕作。不論三耒或二耒，其表示共同耕作，實無不同。只是此字从三犬，不知何義，豈最古用犬耕作。

劦、⿱⿲耒耒耒⿲犬犬犬始義皆爲耕田，又皆即是協字的初文，協義爲和協是由合作耕種引申的，顯然可見，這裏只有一個問題，即劦、⿱⿲耒耒耒⿲犬犬犬二字義雖相同，但是否即係一字，恐猶有問題。此二字字形不同，而甲骨文又同時皆有，應當原是二字，協字由字形可知必是由⿱劦口、劦孳乳的。因爲協與⿱⿲耒耒耒⿲犬犬犬義相同，後世便以協代⿱⿲耒耒耒⿲犬犬犬。如秦公鐘「⿱⿲耒耒耒⿲犬犬犬龢萬民」，堯典作「協和萬民」，便是顯例。協既代⿱⿲耒耒耒⿲犬犬犬，於是⿱⿲耒耒耒⿲犬犬犬字遂廢。

又威脅，迫脅，我們以爲其義也是由此引申的。説文云：「脅，兩膀也。」以脅爲兩膀，似不易引申爲威脅，迫脅。按説文引山海經云：「惟號之山，其風若劦。」今本劦作䬆。郭璞云：「䬆，急風皃。」按「其風若劦」，劦乃比喻詞，郭璞謂䬆是急風皃，則是形容詞了，與原意不合。郭釋實誤。我們以爲「其風若劦」必謂風力强大，若三人合力而耕也，劦是大力之意。劦義爲大力，故以威力相迫謂之脅。脅爲兩膀，蓋係假借。而劦也可知是由劦孳乳的俗字。

說文云：

『能，熊屬。足似鹿，从肉，㠯聲。能獸堅中，故稱賢能；而彊壯，稱能傑也』。說文謂能是獸，引申爲賢能、才能。我們以爲這實不足信。不論從字形或字義講，這種解釋是難通的。我國文字中的禽獸動物字不外兩種：一種是象形，一種是形聲。象形字是原始的。形聲字則是後起的，往往假用他字的聲音。說文所說的能字，既非象形，又非形聲，由此可知，其必誤。

能字的字義除賢能、才能外，還有一種含義。

『柔遠能邇，惇德允元。』（舜典）

『父往哉，柔遠能邇，惠康小民，無荒寧。』（文侯之命）

『柔遠能邇，以定我王。』（詩民勞）

『亦惟君惟長，不能厥家人。』（康誥）

『范鞅與欒盈爲公族大夫而不相能。』（左傳襄公二十一年傳）

『入而能民，土於何有。』（左氏僖公九年傳）

『蘇子叛王卽狄，又不能於狄。』（左氏僖公十年傳）

『不能其大夫至於君祖母以及國人。』（左氏文公十九年傳）

『昔高辛氏有二子，伯曰閼伯，季曰實沈，居於曠林，不相能也，日尋干戈，以相征討。』（左氏昭公元年傳）

能字這種字義舊時學者皆没有正確的解釋。如王肅釋『柔遠能邇』爲『能安遠者先能安近』。杜釋『入而能民』爲『能得民』。皆於能下另加一字爲解。而且將能字解爲能否之能，這與能字的字義顯不相合，故王引之斥之爲謬。（注七）王氏謂能當釋伽，義爲伽順。訓能爲伽順，誠較王杜略勝，但仍不明確。

我們以爲此處能字義當爲和協。番生設云：『用諫四方，夒遠能㹞。』

毛公鼎云：『用邵（昭）皇天，䌛□大命，康能四國俗。』

叔夷鐘云：『夷，汝康能乃九吏（事），衆乃敵寮。』

此處能字的用法與上舉經傳的能字完全一樣，字義當也相同。按叔夷鐘又云：『和協而九吏（事），俾若鐘鼓。』『和協而九吏』與上『康能乃九吏』語法一樣，而且所述即係一事。可知『康能』義必即是『和協』。由此以推，可知能義非爲和協不可。能義爲和協，則上舉經傳之語，便无往而不可通。『柔远能邇』義爲安遠和近。『不能厥家人』即不和於家人。『入而能民』即入國而與人民和協，范鞅與欒盈『不相能』，閼伯與實沈『不相能』，即他們不和。

能之初義，我們以爲也是幾種農器同時耕作。説文有羆字，云：『羆，相屬。』由字形可知羆必由能得義。能雖不是相，其爲農器，由此可見。甲骨文無能字，金文能作□、□、□

等形。字應从㠯从月从匕匕作。月很明顯是農器，這是甲骨文常見的字。㠯學者以爲即是梠的初文，以㠯爲梠，恐不足信。但此也爲農器，必無問題。匕匕當也是農器。能蓋是三種農器相合爲文的。又能古與嬴相通，鄦子妝簠云：『鄦子妝罿其吉金，用鑄其簠，用媵孟姜、秦□，其子子孫孫永保用之。』□非嬴字不可，而其字从女从能，是能、嬴必爲一字。又左氏宣公八年經敬嬴，公羊作頃熊，更足證能、嬴一字。按金文嬴又作□，（榮同毁）正象三個農器，由此可知能也必爲三種農器。能之初義爲三種農器共同耕作，因此引申爲和協，又因三種農器共同耕作效力大，故引申而爲能力，由此又引申爲才能、賢能，這與協字的引申完全一樣。

注一　王國維亦以□及□爲毀，見史籀篇疏証。

注二　董作賓：商代龜卜之推測。

注三　兩周金文辭大系。

注四　者減鍾韵讀。

注五　説文龠部僅有籥、龥、龢、龤四字，龥亦省作篪。

注六　此字所从作之月，学者释耒，此是否爲耒，猶不可必。但爲農器，則無可疑。

注七　經義述聞柔遠能邇條。

八　釋鏤

說文云：『鏤，剛鐵。』是鐵又名鏤。鐵所以又名鏤，我們以爲，也因爲鏤是工具，是以鐵製造的。鏤義爲雕刻，這當因鏤是雕刻的工具。鏤从婁作，由婁得聲得義，是『婁』當就是雕刻的工具。這是由字形上很自然的推測。鏤是工具又是鐵，這種雕刻的工具，當是鐵製的。鏤我們以爲也是農器。說文云：『廔，一曰所从種也。』又云：『樓，穜樓也。』

二字皆从婁作，義又皆爲種，是婁義當種。廔、樓玉篇、廣韻作耬。玉篇云：『耬，犂也。』廣韻云：『耬，種具也。』可知『婁』也是種田的農器。婁是種田的農器，作爲動詞用，則爲種。婁是雕刻的刀又是農器，這乃因這兩種工具同源的緣故。婁是農器又是鐵，可知這種農器也必是鐵製的。鏤義爲鐵，原因也即在此。說文云：『婁，空也。』字或又作屢及窶，這都是引申義。這與窗闕的引申是一樣的。

甲骨文有卯字，此字除爲十二辰之外，又爲用牲之名，卜辭每言卯牛，卯宰。王國維謂假爲劉字，義爲殺。卯是劉字，甚爲正確，這實就是劉字的初文。不過，王氏之說猶有未盡。我們以爲這也就是𠛔、留、坐、剉、挫等字的初文。

說文無𠛔字，而玉篇有之。玉篇云：『𠛔，力九切，割也。』𠛔聲義與劉完全相同，字形也顯然是卯字的孳乳，可知⿰卯刂必即是卯。我們疑心劉字可能即直接由⿰卯刂演變的。

說文有無劉字，自來學者意見就不一致。徐鉉徐鍇本皆只有鐂而無劉。羅泌也謂古無劉而只有鐂。（注一）惟段玉裁謂說文鐂應作劉。按玉篇云：『鐂古劉字。』由此可知劉、鐂實即一字。說文云：『留，止也。』按莊子山木篇云：

『莊周遊乎雕陵之樊，覩一異鵲自南方來者，翼廣七尺，目大運寸。感周之顙而集於栗林。莊周曰：此何鳥哉，翼殷不逝，目大不覩。蹇裳躩步，執彈而留之。覩一蟬方得美蔭而忘其身。螳螂執翳而搏之，見得而忘其形。』

留，司馬彪謂爲『宿留伺其便』。此增字爲解，顯屬想象。而且這樣解釋也非常紆曲。按留與下文搏爲對文，義自爲殺。留義爲殺，也與劉相同。留、鐂與劉實原係一字，後世文字發展變化致字形不同，乃成爲幾個字。留可知也當是卯字。

留字从卯从田，由字形推考，其初義當爲種田或耕田。莊子天地篇云：

『執留之狗成思，猨狙之便自山林來。』

又應帝王云：『且也，虎豹之文來田，猨狙之便，執斄之狗來藉。』

此二者所述，即是一事，一作『執留之狗』，一作『執斄之狗』，可知留斄必相通。我們說，斄義實爲耕，是留義也當爲耕。司馬彪謂留是竹鼠，陸氏釋文謂留『一本作狸』。這都是錯誤的。按天地篇這句話乃是解釋上面『是胥易技，係勞形怵心者也』的。這是『執留之狗』

笨拙，想往山林中去學習猨狙的便捷，這是『易技』，是『勞形怵心』。若『留』是竹鼠或狐狸，則狗能執竹鼠或狐狸，便不能說它不便捷了。所以謂『留』是竹鼠或狐狸，是說不通的。若以『留』爲耕，則大意便暢通無礙。留蓋謂耕牛，執牛之狗，力大而笨，它想學習猨狙的便捷是不可能的，所以這是『易技』，是『勞形怵心』。

又山海經南山經云：

『柢山，多水，無草木。有魚焉，其狀如牛……其音如留牛，其名曰鯥。』

東山經云：『樕螽之山……食水出焉……其中多鱅鱅之魚，其狀如犂牛。』

郭璞、郝懿行皆謂留牛即犂牛。留牛即犂牛，益足證留義必爲耕。

說文云：『坐，止也。从土，从留省。土，所止也。此與留同意。』

坐與留同義，可知二字必原即一字。唯說文謂坐是从留省，恐誤。坐篆文作，應即从卯从土，从土从田，意思一樣，留與坐蓋同是卯字的孳乳，所以其字義相同。坐顯然即剉、挫之本字。說文云：『剉，折傷也。』玉篇云：『剉，斫也。』說文云：『挫，摧也。』與劉、留義爲殺略同。是坐也必有斫殺、摧敗之意。

春秋左傳云『楚人伐絞，軍其南門。莫敖屈瑕曰，絞小而輕，輕則寡謀，請無扞採樵者以誘之，從之。絞人獲三十人。明日，絞人争出，驅楚役徒於山中。楚人坐其北門，而覆諸山下，大敗之。』

杜預云：『坐，猶守也。』這顯係想當然爾的話。此處『坐』意必爲敗。此蓋謂敗其北門的守軍，使不能接應城外的軍隊，然後將城外的軍隊殲滅也。

由上面的考察，可知刜、劉、留、坐、剉、挫，皆卯一字的孳乳。諸字義皆爲殺，留義又爲耕，由此可知，卯不特爲殺牲的刀和武器，也必是農器。

卜辭云：

『丙辰卜，㱿貞：乎卯（缺）。』（甲三四二九）

『丁未貞：王令卯[illegible]（缺）方。』（粹一九六）

『乎卯』語與『乎伐』同例，卯義爲攻伐。這當就是『咸劉厥敵』之劉。卯義爲攻伐，也必是兵器，這也就是劉。書顧命：『一人冕執劉，立於東堂。』劉，僞孔傳謂鉞屬，鄭玄謂是鑱斧（顧命疏引），可知皆屬錯誤。

卯，我們以爲也即是婁及鏤字的初文。説文云：『婁，空也。从母中女，空之意也。』説文所説婁字構造顯是臆説。這乃是附會婁義爲空而胡謅的。我們以爲婁實係卯轉輾演變而來的。史記劉敬傳云：

『婁者劉也，賜姓劉氏。』

劉邦以婁、劉相同，賜婁敬姓劉。照這句話的意思看，這非因婁與劉音同而已，這實因劉、婁即是一字。又説文云：

『罶，曲梁寡婦之笱。魚所留也。从網、留。』

又云：

『罍，罶或从婁。』

是罶、罍一字，留、婁相通。廣雅釋器云：『曲梁謂之罛。』是罛也就是罶、罍。所以玉篇以罶、罍、罛爲一字。由此可知，卯、留、劉、婁四字實皆相通。

卯、留、劉諸字何以與婁相通。我們以爲這恐不僅由於其字音相同，這乃因爲字形的變化。

換句話説，留、劉、婁皆是直接或間接由卯演變的。由卯變化爲留及劉，前面已經説過。婁，我們以爲乃由留演變的。説文云：『搯，引也。』又云：『搯或从由。』又説文籒字云：『籒，讀也。』而方言云：『抽，讀也。』由此可知，籒、搯、抽一字，留可省作由。素問『古之治病，可祝由而已』。惠士奇云：『祝由即祝榴。』史記太史公自序『紬史記石室金匱之書』，紬即是籒，學者早經言之。由此也可證留可省作由。由婁形近，婁蓋又从由演變。史記歷書『紬績日分』，索隱云：『紬音宙又如字。紬績者女工紬緝之意，言造歷運算者若女工緝而織之。』可見紬績必即縷績，紬縷係一字之變。又縷義爲線，縷縷義爲纖細、不絕，也可見是由抽紬之義引申的。此字字形的演變，蓋由卯變爲留，由留省爲由，由由又變爲婁。

卜辭卯又爲祭名。

『桒年，來其卯上甲（缺）受年。』（甲三五六七）

『（缺）午卜，方帝三豕，㞢犬，卯於土，桒雨。』（佚四〇）

『乙丑卜，貞：王賓武乙歲，祉至於上甲卯，亡尤。』（佚一七六）

『癸巳貞：叀甲午酌卯於上甲。』

『癸巳貞：於乙未酌高祖亥，ㄋ卯於（缺）。』

『叀甲午酌卯。』

此處卯，我們以爲應釋䄙。說文云：『䄙，祝䄙也。』前举素问云：『古之治病，可祝由而已。』祝由即祝䄙，是卯乃是祝禱求福。按卜辭，卯祭的時候，往往同時又桒年、桒雨，也可見卯當是祝祭祈福的。

卯，我們以爲也可以釋膢。說文云：『膢，楚俗㠯二月祭飮食也。……一曰，祈穀食新曰膢。』

三蒼云：『膢，八月祭名。』

不問二月或八月，膢是祭名必無問題。風俗通云：『嘗新始殺食曰貙膢。』這與說文所說『祈穀食新曰膢』正同。是膢即是貙膢。又後漢書劉玄傳云：『以立秋日貙膢時，共劫更始。』後漢書禮儀志云：『立秋之日，武官肄兵，習戰陣之儀，斬牲之禮，名曰貙劉。』是貙膢就是貙劉。按劉、留一字，由此以推，膢當也就是䄂。卯、䄂、膢、貙膢、貙劉即是一種祭祀。祭祀的儀式，漢代的膢及貙劉或與殷時的卯和古代的䄂不同，性質也許容有差異，但這乃是演變形成的，膢、貙膢及貙劉出於卯及䄂必無問題。卯、䄂、膢、貙膢、貙劉是同一種祭祀，由此也可以證明卯、劉、留、婁，原係一字。

由上所述，可知婁、鏤實由卯演變的，換句話説，卯已是婁及鏤字的初文。鏤義爲鐵，必因卯這種工具是鐵製的。因爲卯是鐵製的，所以鐵又名爲卯。後世文字演變，則成爲鏤。

九　释⿰金會

甲骨文有⿶凵冊字。學者釋𠕋，説文云：『𠕋，告也。』但我們試考卜辭，覺此字釋𠕋訓告，實屬不確，卜辭云：

『癸卯卜，（缺）百牛，（缺）𠕋宰。』（藏六五、一）

『（缺）於父乙，𠕋宰，⿰午卩（缺）。』（藏一〇五、三）

『（缺）午卜，賓貞：⿰午卩於祖辛，𠕋十（缺）。』（藏一七六、三）

『丁丑卜，（缺）㞢祖辛，宰，𠕋十宰九。』（師友一、四二）

『丁卯（缺）𠕋卅宰。』（後上、二三、十一）

『丁亥卜，尞於兕，𠕋二牛。』（福十八）

『其𠕋十牢又羌。』（佚二三五）

『貞：大（缺）𠕋卅牢。』（佚四九八）

『貞：𠦪禾于丁，豆三勺牛，𠕋卅勺牛，九月。』（佚四六）

『貞：卸於父乙，豆三牛，𠕋卅，伐卅牢。』（佚八八九）

『貞：卸子（缺）于兄丁，㞢羊，𠕋小羊，今日酌。』（梨二八八）

『庚子貞：夕酉，𠕋羌，卯牛一。』（甲八八四）

『貞：福子妣己，𠕋𠬝，卯牢。』（徵、帝係、二二三）

『貞：尞子高妣己，㞢南，𠕋三𠬝，幺卯牢。』（珠上、十七）

『𠕋𠬝一人，𠕋𠬝二人。』（佚二二五）

𠕋皆是用牲之名，意爲殺牲，若訓告，辭義便不可通。『𠕋𠬝』反也是犧牲，殷人是以俘虜爲犧牲的。

卜辭又云：

『（缺）戠爯册𠕋苦（缺）。』（前七、二五、一）

『（缺）㱿貞：（缺）戠爯册𠕋土（缺）王比（缺）。』（粹一〇九八）

『（缺）沚戠（缺）𠕋土方（缺）。』（龜一、六、十五）

『盂方（缺）⿱冊曰盂方白炎（缺）田中正（缺）。』（粹一一九〇）

這都是卜征伐的卜辭。前三辭語法與『沚戠爯冊王比伐土方』完全一樣，⿱冊曰意必與伐略同。若訓爲告，也不可通。

以⿱冊曰爲告既不可通，則⿱冊曰必非說文之⿱冊曰字。我們以爲⿱冊曰蓋是會、劊、膾及删字的初文。說文云：『會，合也。从亼，从曾省。曾，益也。』

這種解釋，會字形聲義三者皆不清楚。按說文云：『劊，斷也。』劊義爲斷，斷實是殺。近代俗稱殺人者猶謂之劊子手。又膾字說文云：『細切肉也。』廣雅釋詁云：『膾，割也。』膾義蓋爲斷割。膾義爲斷割，與劊相同，二字乃係一字之演變。劊、膾皆从會作，由會得義，因此我們以爲會字的本義也應殺。其義爲合，乃是引申義。⿱冊曰字若釋會、劊、膾，則卜辭之⿱冊曰宰、⿱冊曰牛，意即爲殺羊、殺牛，辭意便可通暢無礙。

廣雅有删字，釋詁云：『删，斷也。』曹憲謂音苦拜切。删音義與劊完全相同，我們疑心二者原係一字。

按說文有⿱冊耳字，云：『聵或作⿱冊耳。』爾雅有⿰冊又字，釋文云：『⿰冊又又作嘳。』說文又有⿰冊阝字，云：『汝南安陽鄉。』路史國名紀謂『⿰冊阝或作蕢』。由此可知聵、嘳、蕢所从作之貴必是⿰冊又及冊之譌，這顯因⿰冊又、冊與貴聲音相同，假貴爲⿰冊阝及冊的。按會也可以假貴爲之，如繪字又可作繢。說文云：『繢，織餘也，一曰畫也。』繢義爲畫與繪相同。考工記『凡畫繢之事後素功』，這顯然與論語『繪字後素』意思一樣。鄭司農注引論語即作『繢事後素』，論語釋文也謂繪『本又作繢』，可見繪、繢是一字。繪又作繢，必因會、貴音同，假貴爲會的。又莊子漁父篇：『曾子居衛，緼袍無表，顔色腫噲。』郭慶藩謂：『噲當爲會，病甚也，通殨。』是噲與殨相通。噲又作殨，這也必因二字音同，假貴爲會的。詩小旻：『如彼築室於道謀，是用不潰於成。』召旻：『如彼歲旱，草不潰茂。』傳云：『潰，遂也。』訓潰爲遂，詩意既不明暢顯豁，似也没有根據。按釋文云：『潰，户對反。』正與會音同。我們疑心潰也是會字的假借。此處潰意蓋與常語會與不會相同。『如彼築室於道謀，是用不潰於成。』是説築室而謀之於道旁之人，所以不會成功。『如彼歲旱，草不潰茂』是説天旱的年歲，草不會茂盛的。㕚、冎可以假貴爲之，會也可以假貴爲之，㕚、冎、會原係一字，豈不是很有可能的。

又爾雅有㕚字，釋文云：『苦怪反，孫本作快。』是㕚與快相通。按三蒼云：『噲，此亦快字也。』（注一）詩斯干『噲噲其正，噦噦其冥』，箋云：『噲噲猶快快也。』是噲也與快相通。㕚可以作快，噲也可以作快，這豈不是又可證明㕚、噲一字。

由上所述，剮、㕚與會、劊、膾、噲音義皆同，而从冎、㕚作的字與从會作的字又有相通假的關係，我們以爲冎、㕚、剮、會、劊、膾、噲當係同源字。

剮、㕚、蔽、鄁等字皆从冎作，顯由冎得聲得義。換句話説，這幾個字實都是冎字的孳乳。從字形看，冎字與甲骨文的𠕋字顯然相近。我們以爲冎當就是𠕋字的譌省。

我們以爲冉、會原都就是甲骨文的𠕋字。後來在文字發展變化的過程中，因爲筆畫的增損變化不同，乃分而爲二。冉是𠕋之譌省，而會則是𠕋加亼。𠕋甲骨文作𠕋，加亼則爲⿱亼𠕋，這豈不更明顯就是會字了。從甲骨文到金文的變化中，有好些字都加亼。如前面所說的龠字是㗊加亼。此外又如禽字甲文作⿱㐅干，金文加亼作⿱亼⿱㐅干或⿱亼⿱㐅廾。食甲骨文作⿱亼豆，又作⿱亼豆，鄉字甲骨文作⿲卩皀卩，金文則有加亼作⿲卩⿱亼皀卩者。由這些例證看，會是𠕋加亼，不能說不合理。至於這些字何以加亼作，則不得而知。

𠕋就是會，也即是劊、膾，義爲殺，我們以爲會原是殺牲的工具，引申爲殺。玉篇有穭字，云『耕具』，穭當就是會，可知會也是農器。不過會是怎樣的農器，已不得確知。若照字形看，似是四齒耙。會甲骨文作𠕋、𠕋、𠕋等形，上面的卌和卌的縱畫或作三畫或作四畫，這可能即象耙齒之形。說文有耝字，云：『冊又可以劃麥。』玉篇云：『耝田器。』段玉裁謂即四齒耙，穭耝一聲，或就是一物。

會，即𠕋，當也是鐵製的。玉篇有鐀字，云『鐀鐵器』。很明顯，鐀就是會，這與穭當是同一種工具。从耒，从金皆後世所加，一表示是農器，一表示是金屬製造的。鐀就是鐵器，『會』必是鐵制的。這裏值得注意的，是玉篇只說是鐵器而未說是什麽工具。由此可以推知顧野王也必不知鐀是何種工具，他訓鐀爲鐵器必不是他自己訓釋而是搜集的古義。古義相傳鐀是鐵器，益足證𠕋必是鐵製的。

在卜辭中，冊又是祭名。

『（缺）疾虎允來，冊㞢（缺）使壴，五月。』（前四、四五、一）

『㞢冊於王。』（藏一八五、二）

『貞子漁㞢冊於（缺）。』（東三八）

『（缺）酉（缺）貞：子漁㞢冊於娶，酌。』（藏二六四、一、佚四四）

『乙酉卜，貞：王又冊於祖乙。』（粹二三〇）

『其又冊。』（粹八八九）

『辛亥貞：其冊於唐，九牛、一月。』（田中七）

『（缺）冊於父乙，乎酌。』（徵、帝係、一八三）

『弜冊，亡大雨。其冊卸，又（有）大雨。』（粹七七七）

『丁酉卜，王其冊岳，尞、叀犬眔豚十，又（有）大雨。』（粹二七）

冊若訓告，義也不可通。我們以爲冊當是禬。説文云：『禬，會福祭也。』周禮天官女祝『掌以時招梗禬禳之事，以除疾殃。』又春官大祝『掌六祈以同鬼神』『三日禬』。這種祭祀的性質，鄭玄謂：『除災害曰禬，禬猶刮去也。』（女祝注）但同時他又説『未聞』（太祝注），可知禬祭的性質鄭玄實不知道。他只望文生義，隨文爲解。我們合卜辭、周禮、説文三者觀之，禬大概是一面禳災一面祈福的。

卜辭還有一種情形，即𠕋與冊可以互用。卜辭每云『爯冊』。

『乙卯卜，𡆥貞：沚戠爯冊，王比伐土方，受（缺）。』（徵、征伐三六）

『（缺）𡆥貞：沚戠爯冊，王比伐土方。』（庫方一五四九）

『（缺）未卜，㱿貞，沚戠爯冊，王（缺）。』（佚五三七）

『己巳卜，𡆥貞：矦告爯冊□衣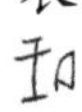。』（粹一三二五）

『爯冊』又作『爯𠕋』。

『癸巳卜，商爯𠕋。』（大龜第三版）

『爯冊』『爯𠕋。』語法相同，意應相同。又卜辭云：『貞：勿商綏觧冊。』（師友二、四八）語與『商爯𠕋』一樣，益可證『爯𠕋』即是『爯冊』。𠕋冊可以互用。

又𠕋是殺牲，但有時𠕋也用冊。如：

『辛丑卜，三羊，冊五十五牢。』（佚八七二）

這與前所舉『三勿牛，𠕋卅勿牛』語法一樣，可知冊義也必與𠕋相同。又𠕋是祭名，冊也見祭。

卜辭云：

『辛卯卜，其冊妣辛。』（明六七三）

此辭語法也與前所舉『王其𠕋岳』一樣，冊必也與𠕋同義。

𠕋與冊這樣互用，最簡單的解釋自是誤刻，即『爯𠕋』之𠕋多刻了口，而『冊五十五牢』之冊少刻了口。不過，這樣解釋能否令人同意，恐大有疑問。我們以爲𠕋、冊二字相通，蓋因二字同義。𠕋從冊作，必本由冊得義。𠕋由冊得義，𠕋、冊二字字義必基本上相同。𠕋所以加口，可能是表示掘地之義，與□、□，从口作略同。又□、□可以省口作□及□而字義不變，則𠕋自也可以省口爲冊而字義相同。由此也可證𠕋、冊即是一字。

𠕋就是冊，這必然會發生一個問題，即冊字的本義爲何。甲骨文□或□，很明顯，必是冊字。冊：說文謂是符命。

『冊，符命也，諸侯進受於王也。象其札一長一短，中有二編之形。』

近代董作賓創爲新說，謂冊是龜版。冊字是象以韋穿龜版之形（注二）董氏自詡他這種說法是『新貢獻』。

但我們看，這兩種說法恐皆不可信。若據許氏之說，冊是象編札之形，則在我們文字創造的時候，在殷墟時代以前，文字當就寫在簡札上了，這是否合於歷史事實，恐不無疑問。董氏謂冊是龜版，更屬錯誤。董氏所根據者爲一龜版上有『冊入』二字。董氏以爲是『冊六』，因此便謂六片龜版『裝訂』成一冊。按『冊入』之『入』，明白可見，必不是六字，所以董氏之說實根本不能成立。而且不論甲骨文或金文冊字的縱畫都只有三畫或四畫，從未見有六畫的。若謂六片龜版合爲一冊與字形也不相符。尤其重要的，若以冊爲符命、簡札，或龜版，則卜辭的冊字便皆不可通。例如上面所舉的『爯冊』，『冊五十五牢』，如冊是符命、簡札，或龜版，如何能解呢？所以冊字必不能如説文或董作賓的訓釋。

我們以爲冊與𠕋即是一字，卜辭『𠕋五十五牢』，冊就是劃，意爲殺。『爯冊』之冊，我們以爲當是旝。在卜辭中用『爯冊』的地方都是征伐的卜辭。由這種情形看，『爯冊』必與戰爭有關。説文云：

『旝，旌旗也。从㫃會聲。詩曰，其旝如林。春秋傳曰，旝動而鼓。』

杜預云：『旝，旃也。……蓋今大將之麾也。執以爲號令。』（桓公五年傳注）是旝是號令指揮的旌旗。『其旝如林』，今詩作會。旝必原就是會，因爲用作指揮的旌旗，所以後世加㫃。爯當是偁，義爲揚爲舉。卜辭云：『沚戠爯冊，王比伐土方。』蓋武丁伐土方，以沚戠爲帥，指揮軍隊。『爯冊』乃是給以大將旌旗，提高其地位。『商爯冊』當也是賞賜這種旌旗，擢陞其地位。

冊字義爲書冊及符命，我們以爲乃是引申義。冊是農器，兵器，也是刻鏤的刀，所以以『冊』刻字稱之爲冊。周公彝云：

『隹三月王令𤇾眔内史曰，𦬊。井侯服，易臣三品。……追考對不敢㒸邵朕福，血朕臣天子。用冊。王令，乍周公彝。』

『用冊王令』，冊不論訓簡札或符命，皆不可通。此處冊義必爲刻寫。這必是説將王令刻在彝器上。又殷周彝器銘辭之末往往有某某冊。如股作父己甗有『來冊』。臣辰盉及卣有『臣辰冊』。這裏冊義也必爲刻。這乃是刻字者的落款，這說某人所刻的。冊義爲刻，以『冊』刻成文字，所以文字記載稱之爲冊。書多士『惟爾知惟殷先人有冊有典』。典冊義皆是文字記載。又因冊是記載，所以後世書籍又稱之爲冊。至於冊爲符命，當也因冊是文字誥命的緣故。金器銘辭每見有『作冊』，『作冊』是官名，即是草詔命的。冊若解爲以韋編穿札的冊，便也不可通。

由此我們又可悟及一事，即我國關於文字繪畫的字也多源於工具及勞動，即也由工具及勞動引申的。這裏我們考見冊及繪是源於冊、⿱冊曰。前面我們説過，彔也是工具，彔顯是記錄之錄字的初文。此外如書畫等字，我們看最初也是工具及勞動字。這就因爲用這種工具刻鏤文字及繪畫，所以引申而爲文字、繪畫以及記載書籍。我國最古的文字相傳是刀刻的，即所謂刀書，由此可知這種傳説實完全正確。

甲骨文又有⿰禾⿱冊曰及⿰氵⿱冊曰字，皆從⿱冊曰作。⿰禾⿱冊曰學者有釋穌的，自屬不確。此字我們以爲應當釋禬。禬説文謂是糠。我們疑心禬字的本義也爲耕種，引申爲糠，不過，⿰禾⿱冊曰，卜辭所見極少，辭義不明，我們還不能就斷定其字義。⿰氵⿱冊曰，學者似也猶無適當的訓釋。我們以爲這應就是澮字。卜辭云：『不余⿰氵⿱冊曰。』（前六、五九、六）

『余不潸。』（前七、十、二）

『帚井潸。』（後下、二四、五）

『貞王（缺）方隹潸。』（戩五九、五）

這種卜辭的辭意誠然不甚清楚。不能據此推知潸字的字義。但從文法上看，這裏的潸字必不是動詞，便是形容詞。我們以爲潸是澮字，意爲匱乏之匱。我們前面説，繪繢相通，噲殨相通，皆假貴爲會。則匱自也可以是同樣的情況了。按卜辭云：『辛（缺）𠦪（缺）[illegible]叀五宰，沈五牛，卯五牛，[illegible]宰。』（甲三六六〇）

『辛卯（缺）貞三（缺）酒[illegible]不潸，足。』（同上）

這兩條卜辭，很明顯，必是向[illegible]祈年的。此云：『不潸，足。』祈年而云：『不潸，足。』可知必是説年歲不歉而豐足，潸義必爲匱乏無疑。『余不潸』『帚井潸』，也必謂我不荒歉，帚井歉儉。

注一　一切經音義引，此據孫星衍輯蒼頡篇岱南閣叢書本。

注二　殷代龜卜之推測，安陽發掘報告第一期。按董氏之説，學者早已指出其錯誤。董氏自謂非當。而近時著書爲文者猶據以爲説，不知何故。其實册是否就是龜版，是很容易知道的。只要看一看甲骨上有無穿葦的孔便明白了。那些握有大量甲骨在手的人爲何不考察一下『實物』呢？

第三篇　我國古代農器的演進

一　釋欘鉏

農器的進步，最初只有手執的石器，往後進步，手執的石器加柄。加柄應有兩種，一加直柄，一加橫柄，加橫柄就是鋤。加柄——尤其加橫柄——是一重要的進步。這不僅使用力容易，而且大大增加了工作的效率。農器加柄，新石器時代就已發明了。新石器時代就已有加橫柄的石鋤。殷墟時代已使用金屬的農器了，其已有加柄的鋤，必無問題。

我們說，我國最早的鐵製農器是▽，這是由石器發展來的，我們以爲，我國最初的鋤也即由這種▽形的農器加橫柄而成的。

鉏也有各種不同的名稱。說文云：

「鉏，立薅所用也。从金，且聲。」

倉頡篇云：

『鉏，茲其也。』（注一）

廣雅釋器云：

『鎡錤，鉏也。』

説文云：

『欘，斫也。齊謂之鎡錤。』

玉篇云：

『钃，鉏也。』

爾雅釋器云：

『斫斸謂之定。』李巡云：『定，鋤別名。』

説文云：

『钁，大鉏也。』

玉篇云：

『钁，鋤钁。』

廣雅釋器云：

『楮謂之钁。』

玉篇云：

『鍺，钁也。』

我們將這些訓釋聯繫起來，可知鉏就是鎡錤，也就是钃或欘，也就是斪斸，也就是钁，也就是櫡或鍺。鉏、鎡錤、欘、钃、斪斸、钁、櫡即是同一樣農器。這只是鉏的各種不同的名稱。

鉏有這許多不同的名稱，在這許多字之中，孰是這種農器的本字，似不易看出。這些字的字形，没有一個可以看出是象鉏的形狀的。因此，我們以爲這些字必都是假借字，或者是譌變而來的。因爲在文字發展變化中，字形改變了，所以看不出來其象鉏之形。

這裏我們覺得值得注意的是欘、钃、斸、劚等字。這幾個字皆从屬作。我們以爲屬就是鉏。這原是這種農器的象形字，後來輾轉變化乃形成屬及欘、钃、斸、劚等字。

説文云：

『屬，連也。从尾，蜀聲。』

這很明顯一望而知是臆説。這根本就看不出造字的意義。而字形與字義也不相符合。按墨子備城門云：

『昔築，七尺一居屬。』居屬，即是鋸欘，管子小匡篇尹知章注云：『鋸欘，钁類。』可知『屬』必就是鋤。居屬、鋸欘、斪斸、句欘即是一物，都是鋤。

我們以爲屬也是由屛或屖譌變而來的。按説文尾部只有屬、屈、屎三字。此外从尾作者有犀字，合共四個字。犀字，我們前面已經説過，實不是从尾，而是尾是屖之譌變。屈，説文云：『屈，無尾也，从尾出聲。』但，我們前面也已説過，説文劂作𠜾，屈應是厥之譌。説文謂屈『从尾出聲』當也是不确的。犀及屈从尾作既皆是屖及厥之譌變，可知屬从尾作乃至尾字的本身必有問題。説文云：

『尾，微也。从到毛在尸後。古人或飾系尾。』

此説恐不可信。我們以爲尾也是屖字的譌變。尾義爲微與屖義爲弟爲幼小相近，尾義爲微，係由幼小引申的。其作爲尾後，當是假用。我們覺得，我們這樣的解釋較之説文謂『古人或飾系尾』而造一尾字似要合理許多。尾是屖或厥之譌變，則屬字便可瞭解了。屬原必就是屖或屛，屖、屛譌變而爲尿，屬字加蜀，是後世用以表聲的。屈與屬一樣，从『出』也是用以表聲的。屬与屈，基本上是一個字。屬，後世演變又成爲欘、钃、斸、劚等字。

屬是屛及屖字的譌變，而推源其始，屛及屖又即是▽，可知屬、欘、钃、斸、劚原就是▽，屬、欘等是鋤，可知欘必就是由▽加横柄而成的。欘加了横柄成爲鋤以後，所以仍名爲欘，這乃因其主要的部分原爲欘，雖加横柄，而這一主要的部分依然未變。所以仍沿用舊名。我們説工具農器的名稱大多是如此的。即其名稱只指尖端用以掘地的一部分，與柄無關。例如斧原是手斧，加柄後依然名斧。

钃或又省作鐲。朱謀瑋駢雅釋器云：『鎡錤，鐲，鉏也。』鐲顯是钃之省。由此可知屬可以省爲蜀。莊子則陽篇云：

『彭陽曰：公閱休奚爲者邪？曰：冬則擉鼈於江，夏則休乎山樊。』

釋文云：『擉，司馬云：刺也。』擉義爲刺，我們疑心，也即由屬義工具引申的。集韻有⿰扌屬字，云：『執也。』⿰扌屬義爲執，與擉義爲刺相近。我們疑心擉即⿰扌屬之省。說文有扚字，云：『扚，疾擊也。』疾擊與刺義略同，我們疑心，扚乃擉之省。這就是⿰扌屬省爲擉，擉又省爲扚。前面我們曾說爥、燭、灼三字義同，應一字的譌變，現在钃、鐲及⿰扌屬、擉、扚也與之相同，則我們的說法，益屬可信。

又獨字，我們疑心也是這樣譌變來的。說文云：

『獨，犬相得而鬬也。从犬，蜀聲。羊爲羣，犬爲獨也。』

這顯是講不通的臆說。按方言云：『一，蜀也。南楚謂之獨。』可知蜀即是獨。說文云：『蜀，葵中蠶也。』葵中蠶決不能引申爲一。所以蜀義爲獨，其字必不是葵中蠶之蜀。我們以爲蜀必也是屬之省。其義爲一，蓋由屬之本義爲用一件工具、一人耕作引申的。與特引申爲獨一樣。

欘是由Y加柄而成的，我們以爲甲骨文十二辰之戌字，就是欘。戌羅振玉謂是戉。他說：『卜辭戌字象戉形，與戉殆是一字。古金文戌字亦多作戌，仍未失戉形。』（增訂殷墟書契

考釋）

郭沫若謂此説『確無可易』（釋干支）。但我們看，這實未必可信，以戉爲戌，除由字形『猜』以外，無任何其他根據。又甲骨文[glyph]他們也釋戌，[glyph]、[glyph]二字字形全不相同，在卜辭中也從不相亂，二字同釋爲戌，顯然也自相矛盾。按甲骨文戌作[glyph]及[glyph]，正是▽加横柄之形。我們以爲這必是欘、钃，也即是鉏。釋名云：

『鋤，助也。去穢助苗長也。齊人謂其柄曰欘……頭曰鶴，以鶴頭也。』

戌字的字形與此所説的鋤，形狀正全相同，戌必就是鶴嘴鋤。

戌是農器，自也是兵器。説文云：

『戌，滅也。九月，陽气微，萬物畢成，陽下入地也。』

這段陰陽之説自屬附會，戌義爲滅，當由戌是兵器而引申的。又从戌作的字有威及咸字，威字不用説義爲攻滅。咸義也爲攻滅。書君奭『咸劉厥敵』，逸周書世俘篇『咸劉商王紂』。咸義皆爲攻滅。卜辭咸也有攻伐之義。

『己卯卜，王咸𢦏[glyph]，余曰雀□人伐□。』（後下十五、五）

[glyph]是國名，咸爲動詞，与𢦏連文，咸義非爲攻伐或滅不可。『咸𢦏[glyph]』必謂攻[glyph]或滅[glyph]。又卜辭云：

『癸未卜，㱿貞：王才丝[glyph]，咸軷。』（續三、四〇、四）

咸與獣（狩）連文，咸當也有獵捕之義。這也可見咸有攻滅之義。咸孳乳則爲減。文公十七年左傳云：

『十一月克減侯宣多，而隨蔡侯以朝于執事。』

減義即爲滅（注一），威、咸、減義皆爲攻滅，可推知戌必是兵器，威、咸、減字義皆由戌是兵器引申的。

戌這种兵器我們以爲應就是瞿。書顧命『一人冕執戣立于東垂，一人冕執瞿立于西垂』。瞿是何種兵器，自來學者似皆不甚清楚。鄭玄謂是『三鋒矛』，僞孔傳含糊地說是『戟屬』。清以來學者始以爲是句兵。但它的來源怎樣，形製怎樣，與戈的分別何在，則仍不明白。近代考古學者從實物研究古代的兵器，對這些問題，也未能得到解決。我們從文字上看，瞿最早應就是戌，也就是鉏。瞿與钁顯然即是一字，钁是鉏，瞿與鉏很顯然是一字，钁是鉏，瞿當然也是鉏。瞿源於鉏，往後發展武器與農器分開，瞿遂成爲兵器。瞿與戈蓋由兩種不同的工具發展成功的。瞿是由鉏演變來的。戈則是由矰（鏢槍）加柄而成的。因爲二者起源不同，形製自也有些區别。戈是用『内』安柲，則筩安柲者應就爲瞿。

戌，就是鉏似無可疑。不過這裏有一個問題，就是鉏字仍不能由此而得到解釋。戌與鉏二字字形相差甚遠。戌字決不可能譌變爲鉏字。

我們疑心鉏乃是叡字的省變。甲骨文已有叡字，它在卜辭中有兩种用法：一是國名。

『貞伐𢦔。』（前五、三七、五）

『戌，弗及𢦔方。』（甲八〇七）

『戌又𢦔方𢦏。』（同上）

『戌七，伐𢦏𢦔方。』（同上）

我們不能據此推知𢦔字的字義。但卜辭又云：

『叀小𠤎𢦔。』（明七六〇）

『叀𢦔令。』（後上十八、二）

此處𢦔係動詞。𢦔可作動詞，聲又與鉏相同，因此我們疑心可能義即爲鉏。按大保𣪕云：

『王伐彔子，𦣞，𢦔氒反，王降征令于大保。』

此處𢦔吴大澂謂是國名，（注二）但在此以𢦔爲國名，不論辭意或文法皆不能通。按此處氒是冠詞，反當爲名詞，義爲反畔者。由文法上看，𢦔非爲動詞不可。以辭意觀之，𢦔義必爲除滅。『𢦔氒反』意必爲誅鋤反畔者。這段銘辭的辭意蓋謂彔子反，王伐彔子，誅鋤反畔，令大保前往征付。師旅鼎云：

『唯三月□卯，師旅衆僕不從王征于方雷，吏（使）氒友弘𠤎告于白懋父……懋父令曰：義（我）改𢦔氒不從。』

這段銘辭是述師旅之僕不肯從王出征，白懋父要罰他們。此云：『改𢦔氒不從』。𢦔義更非誅除不可，又大盂鼎云：

『天有大令（命）在珷王嗣玟王乍邦。闢乓匿，𠷎有四方，畯正乓民。在雩𢓊史（事）𠭰酒，無敢醢。』

『𠭰酒』意顯爲禁酒。𠭰義也爲除去。由上所説，𠭰義爲滅，爲誅除，顯與『誅鉏』相同。因此，我們覺得𠭰更有就是鉏的可能。

説文云：

『𠭰，叉卑也。』

所謂『叉卑』段玉裁謂是『用手自高取下』，這顯然與攫字義相同。攫字説文云：『攫，扟也。』而於扟字云：『從上挹也。』攫義爲『從上挹』與𠭰義『自高取下』完全一樣。又擢字説文云『爪持也』。『爪持』義也與『自高取下』一樣。𠭰、攫、擢三字義實皆相同。𠭰義何以與攫、擢相同？我們以爲這蓋因𠭰與钁、鑺義相同。因爲𠭰義與钁、鑺相同，所以其引申義便也相同。钁、鑺是農器，𠭰當也是農器。

按𠭰字及从𠭰作的字往往省變爲从且作。説文有担字，云：『担，挹也，从手且聲，讀若樝棃之樝。』方言云：『担，摣取也。南楚之間凡取物溝泥中謂之担，亦謂之摣。』釋名姿容云：『摣，叉也。五指俱往叉取也。』由此可知担、摣義与𠭰完全相同。很顯然担、摣、𠭰必即一字，摣爲𠭰之變，担爲摣之省。

又說文有樝字，義爲樝棃。玉篇謂樝又作柤。按禮記內則云：『柤棃薑桂。』又云：『柤棃曰攢之。』柤棃顯就是樝棃，柤必是樝之省。

說文又有⿰氵虘字，云：『⿰氵虘水出北地直路西，東入洛。』⿰氵虘水漢志及水經皆作沮水，是⿰氵虘可以省作沮。

小𠂤謎𣪘云：

『⿰虘又東尸（夷）大反，白懋父以殷八師征東尸。』

又彔𢦔卣云：

『王令𢦔曰：⿰虘又淮尸（夷）敢伐內國，女其㠯成周師氏伐于[glyph]。』

⿰虘又皆是發語詞。按書費誓云：

『徂茲淮夷，徐戎並興。』

語法與之一樣，可知徂必就是⿰虘又，徂也是⿰虘又之省變。

這裏摣可省作抯，樝可省作柤，⿰氵虘可省作沮，⿰虘又又可省作抯，从且作的字大多是⿰虘又及虘的省變，我們說鉏是⿰虘又字的譌變，豈不是很可能的。

⿰虘又，甲骨文作[glyph]，是从[glyph]，从又，从且，[glyph]很明顯是工具。由字形看，它與[glyph]相似，當是與戌相類的工具。从又，當是表示手持工具，『且』則是表聲的。⿰虘又之本義必是鉏地。

總之，我們以爲戌及⿰虘又二字本義皆是鉏。戌是由[glyph]加柄而成的鉏，也即是欘或钃、劚。⿰虘又則爲鉏地。因爲戲是鉏地，所以鉏地的工具也稱之爲鉏（即戲）。至於戌因爲用爲十二辰字，成了個專用字，其本義逐漸泯滅。

注一　參看經義述聞克滅侯宣多條。

注二　見愙齋集古錄。丁山戲夷考亦以戲爲國名。戲下一字丁釋夷實誤。

二　釋櫌

殷墟時代早已用鋤耕種，是毫無疑問的。甲骨文除了戌戲二字以外，還有一字可以証明，此即字。

甲骨文字應釋何字現猶無定説。商承祚釋伐實不足信。按此字从从倒，象人形，是鋤，此字乃象人曳鋤之形，人曳鋤，其義當爲用鋤耕作。我們以爲此實是櫌字。論語微子『耰而不輟』，鄭玄云：『耰覆種也。』管子小匡篇云：『深耕均種疾耰。』耰義皆爲耕種。但説文云：『耰，摩田器。』呂氏春秋簡選云：『鋤耰白梃可以胜人之長銚利兵。』賈誼謂秦人：『借父耰鉏，慮有德色。』耰也是農器。我們以爲耰之本義蓋爲用鋤鋤地，引申而爲農器，這猶之禽獸原爲動詞義爲捕獸，后演變而爲鳥獸一樣。

卜辭云：

『癸未卜，往□，吕雨。』（明四二九）

『貞乎（呼）剛，眔光□□□洹。』（宁三、四〇）

此處□皆是動詞。『往□』語例与『往田』相同，釋□爲櫌，辭義也暢通無礙。『往櫌』，義爲往前耕種，『櫌洹』謂往洹水耕種。在卜辭中□義又爲攻伐。

『貞乎□苦方。』（前六、十八、五）

『乎□□。』（前六、十八、六）

『甲午卜，亘吕屮馬乎□。』（佚三七八）

這我們以爲應釋櫌。

甲骨文有□字，爲殷之祖先，王國維釋夒。很明顯，此即□字所从作之□。由此可知□實从夒作。在卜辭中，□與□又可以通用。

『貞尞于□，十月。』（前六、十八、四）

『叀高祖□祝用，王受又。』（粹一）

『其桒年于□五（缺）五，王受又。』（粹五）

這是殷之祖先夒。按卜辭又云：

『貞桒年于□，尞二牛。』（後上、二四、九）

『□，尞一牛。』（同上）

『壬辰卜，其桒年于□尞，又羌丝用。』（續一、五一、五）

『戊申卜，尞于□雨。』（明四二三）

『貞其桒年于□。』（明四四八）

『甲申彭□。』（甲七八一）

『其桒雨于□，尞九宰。』（粹十五）

『其桒□叀（缺）彭又大雨。』（粹十六）

這裏□也是殷之祖先，很顯然必就是夒。卜辭又云：

『貞往于夒，㞢從雨。』（珠十九）

『往于夒』語例與『往于田』一樣，夒是个動詞，而此辭与前引『癸未卜，往□，㠯雨』語法辭義一樣，其義必与□相同。由此可知□與夒必即一字，夒乃□之省。按夒与憂形近，極易相亂。如櫌說文作櫌，擾說文作擾，獿樂記作獶。可知憂必爲夒之譌。夒可以譌爲憂，因此，我們以爲櫌也就是夒字之譌變。

金文有□字，或又作□。此字王國維也釋夒，通柔及羞。

『予曩釋□爲夋，今案當是說文之夒。……毛公鼎我弗作先王羞之羞作□，克鼎柔遠能

[illegible]之柔作𩒨，番生敦作□，而薛氏欵識盄和鐘之柔燮百邦，晉姜鼎之康柔綏懷遠邇，柔並作□，皆是字也。夒、羞、柔三字古音同部，故互相通假。』（殷先公先王考坿注）夒與柔相通，甚的，這清代學者早就指出。但謂夒假爲羞，恐屬不確。王氏以夒爲羞者是毛公鼎之夒字。按鼎銘辭云：『康能四國俗，我弗作先王夒。』此字吳式芬、孫詒讓皆釋𢝊（即憂）。王氏初謂此字是『象以手掩面之形』（注一）後又謂是夒之假借。總之他肯定此字義爲羞，不過用不同的方法來證明而已。按此字從字形講，其爲夒字當無可疑。從銘辭的文義看，我們覺得訓憂實也較羞爲長。夒與憂同義，更足證夒字即是憂字。我們疑心最初實別無𢝊及憂字，𢝊、憂皆是夒字的譌變，其字義則是由夒引申的。

又金文有□字，又作□。彝器銘辭用作婚姻的婚字。

殳季良父壺『用亯孝於兄弟□媾諸老』。

克盨『用作旅盨，隹用獻於師尹朋友□遘』。

按說文云，婚字籀文作𢡟。則□應也就是𢡟字。由字形看，此字與甲骨文□極相似，而𢡟與夒形也相近，我們以爲□即□之變，𢡟爲夒之譌。說文有𢅥字云：

『𢅥，墀也，以巾撋之，从巾𢡟聲。讀若水溫𩅦，一曰箸也。』

玉篇云：

『獿，箸也，塗也。』

獿从夒作，當就是夒。按揚雄解難云：『獿人亡則匠石輟斤而不敢妄斲。』服虔云：『獿人古之善塗墍者。』是夒義也爲塗，與夒相同。夒夒音同、義同，二者必係一字。獿義爲箸，箸即鋤，此更足證𨫼義必爲鋤地。

金文有𢍭字，孫詒讓釋㬥謂是从廾从夒省。王國維也以爲與夒同意。（注二）但他卻釋勞，謂是『象兩手奉爵形……古之有勞者，奉爵以勞之』。此字有勞意，毫無可疑。彝器銘辭云：

『繇自乃祖考又𢍭於周邦。』（彔伯𣪘）

『乃祖考又𢍭於我家。』（師設𣪘）

𢍭義非爲勞不可。𢍭義爲勞，則夒當也有勞意。按蔡𣪘云：

『令女眔曰，䢅正對各從𤔲五家外內，女敢又不夒𤔲百工，出□姜□令。』

『女敢又不夒𤔲百工。』夒顯然有勤勞之意。又毛公鼎云：

『余一人在位，弘唯乃智，余非庸有夒。』

又云：

『王曰，父厝，雩之庶出入事於外，尃命尃政，埶小大楚賦，無唯正夒。』

吳大澂解釋這兩段銘辭謂『余非庸又夒』爲『言非好大而喜功』。

『□古郭廓字。□古昏字，張小使大謂之廓，見方言。己惡而掠美爲昏，見左傳。言非好大而喜功也。』（愙齋集古錄）

而『無唯正憂』則爲『無有正直與昏庸之別』。從上下文義看，這顯然不可通。我們以爲此處憂義也爲憂勞。『余非庸又（有）憂，』蓋謂『余無庸有憂勞』『無唯正憂』『正』蓋與『先正』之『正』同義，『無唯正憂』，義謂無令王憂勞。書盤庚『惰農自安，不昏作勞，不服田畝，越其罔有黍稷。』昏僞孔傳據爾雅釋詁訓強，鄭玄訓勉。文義皆不明暢，此義也當爲勤勞。『不昏作勞』蓋謂不勤於勞作。昏義爲勤勞，益足證憂義必爲勞。

□義爲勞，必無問題。不過，此字逕釋勞，似也不正確。因此字形與勞迥不相同，必不能演變爲勞字。我們以爲此字義爲勞乃是引申義。

□憂義爲勞，王國維謂□是『古之有勞者，奉爵以勞之』。而憂則是『古者女初至，爵以禮之』。（注二）此說實不可信。若如王氏之說，則□憂義乃是慰勞而不是勞動、勤勞或憂勞。按慰勞必先有勞動，有勞動才有勞苦，有勞苦才談得到慰勞。如說用慰勞來表示勞動，似本末顛倒，理所難通。我們以爲□憂義爲勞，皆由勞動引申。憂之本義爲鋤也，由鋤地引申爲勞作、勞苦。憂字字義也是由此引申的。憂即是勞，勞心則謂之憂。如詩柏舟云：『憂心悄悄。』月出云：『勞心悄兮。』正月云：『憂心慘慘。』月出云：『勞心慘兮。』語意都是一樣，勞心就是憂心，可知憂勞義實相同。毛公鼎：

『亦唯先正，克辥氒辟，堇（勤）大命。』吳大澂、王國維皆釋勞。『勞勤王命』語似不詞，我們以為此處義也當為憂。『憂勤王命』不論詞句語義似皆較得當。

總之，我們以為憂應是夒之譌變：其字形是夒之譌，其字義是夒之引申，而其字聲也是夒之轉。甲骨文即櫌之本字，義為用鋤鋤地。

還有一點似也需說明一下。說文云：

『夒，貪獸也。一曰：母猴，似人。从頁、巳、止、夊，又其手足。』

又云：

『猴，夒也。』

夒何以又是母猴呢？我們以為這也可以說是由於譌誤。這乃因為猴字的本字與夒相同的緣故。甲骨文猴作，是象猴子的形狀。這與夒作幾完全一樣。因為二字字形相同，是以後世文字演變，遂誤為一字。

注一　見毛公鼎銘考釋。

注二　見史籀篇疏證。

三　釋耒耜

我國古代農器最重要者是耒耜。記載所述，古代耕田最主要的即用耒耜。但耒耜這種農器，因爲古代記載簡略，其形製如何，起源如何，不能確知。後世學者雖作了不少的考證，但終是意見紛歧，而無定説。也就因爲這一主要的生産工具不能明確地瞭解，乃致使我們對古代歷史的認識也不免受影響，甚或因此而曲解歷史。

我國古代記載所傳的耒耜，大概有三種不同的説法。

（一）耒耜是兩種不同的農器。

『神農氏作，斲木爲耜，揉木爲耒，耒耨之利，以教天下。』（易繫辭）。

『耕者必有一耒，一耜，一銚。』（管子海王）

這耒、耜分述，耒、耜當是兩種不同的農器。

（二）耒、耜即是一種農器。

『耒，手耕曲木也。从木推丯。古者垂作耒耜。』（説文）

『枱，耒耑也。』（同上）

『耜，耒頭鐵也。』（三蒼、莊子天下篇釋文及一切經音義引）

『耜，耒下耓也。耒耜上句木也。』（易繫辭正義引京房注）

『入土曰耜，耜柄曰耒。』（韋昭國語注）

『耒，耜之上曲也。耜，耒之金也。』（月令鄭玄注）

『耒，手耕曲木也。耜，耒端也。』（玉篇）

『耒耜，農器也。耒其柄，耜其刃。』（後漢書章帝紀李賢注）

這都說耒是耜上的曲柄，耜是耒端，二者自就是一種農器。

（三）耒耜是一種農器，耜又是一種農器。說文云：

『耒，手耕曲木也。从木推丯。古者垂作耒耜。』

又云：

『枱，耒耑也。』

這是以耒耜爲一種農器，但又云：

『梠，臿也。』

這又以梠是另一種農器。可見許慎實以耒耜與梠是兩種不同的農器。

記載關於耒耜有這樣三種不同的說法，驟看，似乎甚爲混亂。學者對於耒耜不能有一明確的認識。原因可能即在於此。

我們覺得，這三種說法實都是正確的，它們彼此並不矛盾。這乃是耒耜在其發展演進中的不同的情形。這我們並不是要作『和事佬』而爲『調和折中』之説，這乃是我們考察我國古代農器演進所得的真實的情況。

我們合文字和記載二者考察，我們以爲耒耜也是由▽發展而來的。▽就是耜。▽加横柄爲欘（鉏），加曲柄則爲耒耜。耒耜就是犂。

説文云：『枱，臿也。』我們已經説過，臿就是鏵鍬，也就是甲骨文中的▽。枱既是臿，當然也就是▽了。又我們説甲骨文▽▽，是象『二耜爲耦』的耦耕，由此也可知耜當也就是▽。耜字有相、枱、耜、鈶等形，偏旁木、耒或金自是後加的，其字从㠯或台作。㠯台一字，因此學者們便謂㠯就是耜字的本字，也即耜這種農器的象形字。這我們以爲實是錯誤的。按耜是刺地起土的，必有——也必需有尖鋭的鋒刃。詩云：『有畧其耜。』（載芟）又云：『以我覃耜。』（大田）也都説耜是鋒利的。而㠯甲骨文作ᘐ，金文相同，一點也看不出有鋒鍔，所以㠯必不是象耜的形狀。因此，我們以爲『㠯』爲耜之本字，必不可信。

我們以爲耜或枱皆不是耜這種農器的本字，這些字乃是在文字發展變化中譌變形成的。説文云：

『枱，耒耑也。从木，台聲。鈶，或从金。辝，籀文，从辝。』

枱籀文作辝从辝。據此，則枱之本字當是辝，而枱及耜皆後起字。

説文云：『辝，籀文辤。』辤，説文云：『不受也。』據此則辝義爲辭讓。辝義若爲辭讓，則與䢵迴不相牟，辝似不能謂是䢵之本字。不過說文之說是否可據，卻不無疑問。按辝字見於金文。彝器銘辭云：

『余隹司朕先姑君晉邦……用召所辝辟，妥楊氒光烈。』（晉姜鼎）

『公曰，夷，女（汝）敬共辝命，女應鬲公家。余命女嗣辝釐邑。』（叔夷鐘）

『余翼龔威忌，鑄辝龢鐘二鍺。』（邾公牼鐘）

此字宋、清學者釋治，容庚謂『誼與其同』。（注一）郭沫若謂是台字，義爲予。（注二）從辭義和語法上看，此字釋治，決不可通。釋治義也不妥。此字於此義確與其相同。按邾公華鐘云：『鑄其龢鐘』，邾太宰簠云：『鑄其𨮁匿』。句法與邾公牼鐘『鑄辝龢鐘二鍺』完全一樣，可知辝義必與其相同無疑。辝於此乃是冠詞，我們以爲其義實與厥相同。爾雅釋言云：『厥，其也。』周禮鄉大夫鄭注云：『厥，其也。』厥與其同義，自也與辝同義。又：

『厥初生民，時爲姜嫄。』（詩生民）

『無念爾祖，聿脩厥德。』（詩文王）

『厥邦厥民惟時敘。』（書酒誥）

這許多厥字用法顯與辝一樣。又書君奭：『用乂厥辟。』與晉姜鼎『用召所辝辟』句法更完全相同。由此更可知辝必與厥義無異。按辝作爲冠詞只見於金文銘辭而不見於經傳。同時，厥作爲冠詞，也只見於經傳而不見於金文。我們疑心經傳即假厥爲辝的。

辝與厥義相同，而這兩個字又皆源於𠫓，我們疑心這兩個字始義也相同。厥義爲掘，辝義也爲掘。其後相通假，原因也就在此。

辝，金文還有一種用法。

『𩁹子□曰，余彌心畏誋，余三事是台，余爲大攻□大事，大都大宰是辝。』（齊子仲姜鎛）

這裏辝是個動詞，從辭義看，義必爲治。而此誋、台、事、辝爲韻，辝聲似也讀治。又從說文推測，辝義也應爲治。說文謂辝是籀文辤，義爲『不受』，這實是錯誤的。這乃因說文將辤辭分爲二字的緣故。說文分辤辭爲二字。辤義爲不受，辭義爲訟。這種錯誤，清代學者早已經指出。辤、辭實即一字，而不是二字。按辭說文謂籀文作嗣。這顯就是金文嗣。嗣金文義爲治。（注三）辝義與嗣相同，可知也必爲治。宋、清學者釋辝爲治，實屬不誤。我們以爲治可能即辝之譌變。辝義爲治，我們疑心這乃是引申義，這就是由辝爲農器及耕種引申的。按易、釐、辥等始義皆爲耕種，後皆引申爲治，我們疑心辝義爲治即與之相同。

辝金文作[illegible]，[illegible]，王國維謂从𠫓作，（注四）甚的。此字所从作之𠫓與金文辥所从作之𠫓顯然完全相同。辝我們以爲實原就是𠫓字，从台乃是金文時代增加的。按金文有[illegible]字。彝器銘辭云：

『用亯吕孝于[illegible]皇祖文考。』（陶革氏鐘）

『用亯□于皇考及我文母，永保怠□』（邻王義楚鍴）

『余怟㠯心，征□余德。』（王孫遺者鐘）

此字郭沫若也釋台，義爲予。（注五）但從文義看，以此字爲予，實也不妥。而且也無根據，又與以辝爲台相抵觸。按此字於此也是個冠詞，其用法與辝、乇相同。由字形看，很明顯此字實从ㄋ（乇）从台。此字从乇作而義又與乇相同，我們以爲必是乇字的別體。換句話說，只是乇加台而已。乇字的別體可以加台作辞，辝字形的變化與之相同，則辝當也就是亐字的別體了。由此以推，可知辝就是亐。

辝是枱及耜字的本字，而辝就是亐，是亐就是枱（耜）。按亐即是▽，是枱（耜）也就是▽。說文云：『枱，臿也。』我們說，𦓤是象『二耜爲耦』，三者完全相合，▽就是枱（耜）必無可疑。由此可知枱及梠、耜、鈶字的演變當是這樣：亐即是枱及梠、耜、鈶等字的初文，由亐演變而爲金文之辝，由辝又省變而爲枱或鈶。因台、㠯即是一字，所以又作梠或耜。而其字義則由農器耕種引申而爲治，其作冠詞當是假用。

現在我們再說耒。

從文字上看，耒是怎樣的農器，實不易推見。說文云：『耒，手耕曲木也。从木推丰。』這不但不能看出耒的形狀，即耒字的構造是否可信也成問題。凡農器字不外兩種情形：一是象形，一是假用勞動字。如犂、櫌，最初都是勞動字，後又都成爲農器字了。這蓋因某種勞動工作使用某種工具，於是逐漸地以這種勞動名其所使用的工具。若如說文之說，耒是『从木推丯』，則耒不是象形字而是會義字，也即是勞動字，基本義應爲除草。若耒之本義是除草，則其所用的農器當是除草的農器。但我國典籍所述，皆謂耒是古代最主要的耕田起土的農器而不是除草的農器。所以從字義上講，謂耒是『从木推丯』是說不通的。而且如耒之本義是除草，則其字應當用草及除草的農器相合爲文，方屬合理。現在，耒从木作，木顯不是農器，所以謂耒是『从木推丯』，從事理上講，也不可通。學者或以爲耒字从木推丯就是木製的農器，殷墟時代猶用木石耕種，這顯是錯誤的。木決不能作爲起土或除草的農器。木不能起土，也不能除草，這只要稍有農業勞動經驗，便可知道。即使說，在最原始的時代人們曾經用木掘地，但那是不知多少年以前的事了。當發明文字的時候，這種情形早已超出人們的記憶之外了。創造文字的時候，決不會將木作主要的農器而表示在文字裡。說文所說耒字的構造既不合理，我們以爲耒字也必有譌誤。

我國古代記載都說耒是曲木，而三蒼、京房、許慎、鄭玄、韋昭又都說耒是耜柄，耜是耒端。我們說耜就是▽，可知耒或耒耜必就是▽加曲柄而成的農器。

我們以爲耒或耒耜就是犂。耒的形制除三蒼、京房等所述者以外，比較詳細點的還有考工記車人的記載：

『車人爲耒，庛長尺有一寸，中直者三尺有三寸，上句者二尺有二寸。自其庛緣其外以至於首以弦其內，六尺有六寸，與步相中也。』

由此所述的形狀看，耒非爲犂不可。在各種農器中只有犂才有這樣的形狀，其他任何農器，不論是直柄或横柄，必都是直的而不是彎曲的。（注六）而這裏尤可注意的是，『車人爲耒』和耒長『六尺有六寸，與步相中』，耒何以由車人製造呢？如耒是手執掘土的，似不需由車人製造。我們以爲耒由車人製造，必因耒就是犂，用牛馬輓曳的緣故。因爲耒是用牛馬輓曳與車用牛馬輓曳相同。所以其製造的方法必須與車一樣，適合於用牛馬輓曳，因而耒便必由車人製造。耒長『六尺有六寸，與步相中』，我們以爲也因耒是用牛馬輓曳的緣故。因爲如果耒是人手執推土的，則無需與『步』同長。鄭玄謂耒與『步』同長，是因爲『耕者以田器爲度』，這也是想當然爾的話。古代量地都説以步爲單位，從未聽説過用耒爲單位的。按考工記云：『兵車之輪六尺有六寸，田車之輪六尺有三寸，乘車之輪六尺有六寸。』鄭玄云：『此以馬大小爲節也。』兵車田車車輪之高六尺六寸和六尺三寸是以馬大小爲節的，耒長六尺六寸與兵車乘車之輪適相同，這也必按馬大小爲節的。由此可知耒必是用牛馬輓曳。耒是用牛馬輓曳，可知必就是犂。

又説文云：『耒，手耕曲木也。』段玉裁注云：

『耕，犂也。』

又説文『犂，耕也』，段氏注云：

『山海經曰，后稷之孫曰叔均，是始作牛耕。郭傳用牛犂也。按耒部耕訓犂，是犂耕二字互訓，皆謂田器。』

若如段氏之説，耕之本義爲田器，即犂，耒是『耕田木』即是『犂之曲木』，是段氏就已承認耒就是犂了。

自來學者多謂耒是手耕。這也就是自來學者不承認耒就是犂的原因。但我們稍微思索一下，便可知謂耒是手耕的農器，決不可通。凡是農器必有兩種基本的要求：一，使用靈便。二，人所使用的力能獲得最大的效果。農器進步也就是要更好地達到這兩種要求。耕田和掘土的農器，除用牛曳的犂以外，不外兩種形式：一是直刺的，如銚。一是横掘的，如鋤。直刺，地面所受的力與人所使用的力相去不遠。即使加柄，增加運動，但因運動的距離有限，所增加的力也不多。這種農器效力不大，所以後世也就不用爲耕田的主要農器。横掘的農器加横柄，這是個很大的進步。因爲加横柄以後，不僅使用更方便，而且使力的運動也更增加了很多。掘土的時候，人所使用的力經過運動，變爲動能，力大大地增加了。因之地面所受的力增加了很多。這樣，掘土便可以掘得更深。這也就用較少的力可以獲得很大的效果。這種農器——如鋤——到現在還不失爲種田掘地的重要農器。至於耒，如若用人手推，則不但不能增加力的作用，恐怕還反使力的作用減小了。因爲耒如由人手推，則並未增加運動，同時耒是曲柄，在曲柄的一端用力，曲柄的另一端着力於地，受力的地面與用力點不成直線，這樣，地面所受的力不但不增加，必反減少。這樣的農器不但不能作爲耕田主要的農器，恐怕起土也不可能。學者如不相信，請試照車人所述耒的形狀仿造一個試驗一下，便可知道。所以謂耒是用人力手推，必決無其理。耒必是用牛輓曳的，即是犂。自來學者多謂耒是手耕，這乃因爲他們毫沒有實際農業勞動的經驗，只知道在文字上兜圈子的緣故。

總之，我們以爲耒就是犂。犂也是由▽發展而來的。▽加直柄則爲臿，這就是說文所謂『梠，臿也』。後世發展而爲鍫（銚）。▽加横柄則爲欘，即鋤。▽加曲柄而用牛馬輓曳則爲犂。三者實是同源。現在所用的犂，犂頭作▽形，還可以看到這種情形。經傳所稱耒、耒耜、耜，除極少數的地方耒耜分述者以外，應都就是犂。如呂氏春秋任地篇『六尺之耜，所以成畝也。其博八寸，所以成畎也。』此處之耜，長與考工記車人所說的耒相同，可知耜必就是耒。而此處之耜，黄東發謂就是犂，（注七）我們亦以爲然。耒、耒耜、耜都是犂的全部或一部分的名稱，耜是尖端，耒是柄，耒耜是指其全部。所以或稱耒，或稱耒耜，或稱耜皆是一樣。

耒、耒耜、耜就是犂，而先秦書籍只見有耒、耒耜或者耜，而很少見有犂名。這中間的原因，我們以爲這乃因爲犂之本義原非農器的緣故。按犂之本義原爲耕田而不是農器，換句話說乃是動詞而不是名詞。農器的名稱則爲耒、耒耜或耜。犂既不是農器的名稱，當然只見耒、耒耜或耜而不見犂了。學者或以犂字在先秦典籍中不作農器字用，便謂春秋戰國時代猶不用牛耕和犂耕，而以牛耕和犂耕始于趙過，豈非『冤哉枉也』。耒就是犂，至於耒字，我們以爲是譌誤而來的。我們疑心耒字係來字之譌。釋名云：

『耒，來也，亦推也。』

據此，是耒與來義相同。按玉篇有𦓤字，云：『𦓤，耕也。』𦓤顯就是來，𦓤乃來之俗字。耒與來義相同，來義爲耕，耒義也當爲耕。我們前面已經說過，甲骨文有𢿱（即[illegible]及[illegible]字）義爲種麥，來，很明顯，必就是𢿱之省。來義爲耕，當即由𢿱義爲種麥引申的。

甲骨文又有𡆥字。卜辭云：

『乙未卜，貞：黍，才（在）龍囿，𡆥。受㞢年，二月。』

此字葉玉森釋冬，謂『象木枝摧折，墜二碩果』。（注八）這實是錯誤的。此字明明白白是从來从口，而不是『象木枝摧折，墜二碩果』之形。而且這樣解釋，理也不可通。任何水果，最遲秋季必就收穫，冬天『木枝摧折』，決無『碩果』可『墜』，怎能説以『墜二碩果』以表示冬季呢？這顯然又是書呆子的話。再次，此字釋冬，辭義也不可通。葉氏謂『𡆥受㞢年』『即言於冬受年也』。按此辭明言是二月所卜，即説殷正建丑，二月也不是冬季，何能説冬受年呢？而且作物的收穫必在夏或秋季，決没有冬季收穫的，冬受年，必不可通。我們以爲𡆥係𢿱字的變體，義爲耕。此辭所卜問者是『黍』，『黍』我們以爲義也爲耕種而不是作物之黍。卜辭之黍除爲作物外，其作爲動詞用，義皆爲耕種。如卜辭云：

『貞：叀小𠂤令衆黍。一月。』（簋四七二）

『丙午卜，𡧊貞：（缺）衆黍于（缺）。』（同上四七四）

『貞：不其黍。』（前四、三九、八）

『戊寅卜，賓貞：王往衆⿰氵黍。』（前五、二十、二）

『庚辰卜，𢦏貞：⿰氵黍于龐。』（續五、三四、五）

黍皆是動詞，不能釋爲作物之黍。但此也不能釋爲種黍。這裏『黍』有在一月的，殷正一月，乃是夏正十二月，其時正值嚴冬，決不能播種。而且『黍』還有在二月及三月的，若是種黍，播種的時間也不能延長兩三個月之久。所以以『黍』爲種黍，依然難通。我們以爲此處之『黍』義當爲耕。這蓋由作物之黍引申爲種黍，由種黍再引申爲耕。此辭卜黍，蓋即卜問耕種。龍囿爲地名，沓是個動詞，此蓋謂在龍囿耕作。

又卜辭云：

『貞：沓，酌翊。』（前六、五十、二）

這裏是所卜問的事，我們以爲義也必爲耕，此蓋卜問耕種而舉行酌翊之祭。卜辭卜問耕種，往往舉行酌祭。

又卜辭云：

『貞：，不其乎來。』（前六、二一、六）

『呼來』與『呼耤』『呼圃』語例相同，是『來』義也就爲耕了。

由上所述，敇、赉、來三字義皆爲耕，可知三字原必就是一字。敇赉皆來字之變體。來義爲耕，耒與來義相同，聲音又同，形又相似，我們説耒是來之譌誤，豈不是極可能的。

我們以爲犂這種農器最初實就名爲『來』，這乃是因『來』是我國最早種植的作物，因爲『來』是我國最早種植的作物，所以種『來』便也稱爲來、敇、赉。再後引申，耕田也稱爲來、敇、赉。而耕田所用的主要的農器遂也名之爲『來』。這猶之櫌義爲鋤地，後演變爲鋤地所用的農器一樣。『來』譌誤而爲耒。後世又假犂爲耒，遂稱之爲犂。

耒耜的發明，據傳説，是始於神農。這種傳説是否可信，自屬疑問。但世本作篇謂『垂作耒耜』。（注九）又謂『咎繇作耒耜』。（注十）這種記載，我們覺得，似不能輕易抹煞。縱然這裏所説耒耜的發明者是否就是垂或咎繇其人猶成問題，但這裏所指出的耒耜發明的時代必不能説毫無根據。由甲骨文和卜辭看，殷墟時代必已用犂耕和牛耕，山海經也説叔均發明牛耕，我們將這些記載傳説總合起來看，殷墟時代以前已發明犂耕，必決無可疑。

總上所述，可知殷墟時代，農業生産工具，直刺的鍫，横掘的鋤，以及用牛馬輓曳的犂實都已具備了。我們覺得，也必須如此，殷墟時代完備的農業生産和高度的文化才能正確地理解。

注一　見金文編。

注二　見殷周青銅器銘辭研究公伐郤鐘之鑒別與其年代。

注三　辭金文皆作𤔲，義爲治。辭義爲辭説辭訟當係假借。我們以爲詞字也即是𤔲字的譌變。這就是𤔲一方面譌變爲辭，一方面譌變爲詞。辭、詞義相同，原因即在於此。

注四　見釋辭及毛公鼎考釋。

注五　見公伐郤鐘之鑒別與其年代。

注六　戴震考工記圖及程瑤田考工創物小記皆繪有耒圖，若照他們所繪的圖看，則耒掘土也不可能。根本就不稱其爲農器。

注七　阮氏新校呂氏春秋　任地篇引。

注八　見䦆契枝譚。

注九　齊民要術　耕地篇引，此據茆泮林輯。

注十　太平御覽八百二十三引，此據雷學淇輯。

結論

上面我們研究了甲骨文字中許多工具和生產勞動以及有關鐵及鐵器的文字。由這些文字的考察來看，殷墟時代已用鐵器生產，必無疑義。首先，殷墟時代已無疑問的是用犂耕和畜耕了。犂耕和牛耕是鐵器時代才發明的，殷墟時代既已用犂耕和牛耕，則非用鐵耕不可。其次，甲骨文字中，有許多字如戜、厗、武、㗊、卯、冊等都是工具和勞動，同時又都是鐵或鐵器的名稱，這很明顯地說明了殷墟乃至我國文字創造的時候，這些工具必都已是鐵器了。鐵即由其所製造的工具而得名。此外還有一點我們覺得也頗值得注意。即鐵是由其所製造的工具而得名，而銅及青銅不見有同樣的情形。在文字中除鋌一字義爲銅以外，不見一個字義爲生產工具又爲銅的。由此可知當我國文字發明的時候，生產工具必已沒有用銅或青銅製造的了。只有▽可能曾用銅製造過，因而銅礦名之爲鋌。殷墟乃至我國文字發明的時候，生產工具已不用銅制而用鐵製，這又是個反證。

最後，我們想再從理論上來討論一下殷墟時代是青銅還是鐵器時代，考古學者和有些歷史學者謂殷墟以至西周不是鐵器時代而是青銅時代唯一的理由，是出土的殷墟和西周時代的器物還没有看到有鐵器而只有青銅器。這種理由能否成立，我們覺得實大有問題。

我們覺得，歷史上有没有一個『銅器時代』或『青銅時代』便大有可疑。我們這樣説，考古學者們一定不免驚訝認爲奇怪。但我們試稍推考一下莫爾甘和恩格斯的話，便可知歷史的真相實應如此，我們這樣説實毫不可怪。莫爾甘説：

『丹麥考古學家所採用的「石器時代」「銅器時代」以及「鐵器時代」等術語，對於某種目的而言，是極其有益的。並且古代技術上的工具之分類，在今後還不失其爲有益。但是人智之進步卻需要與此不同的另一種分期。因爲就人類開始使用鐵器及銅器時而言，並不會完全放置石器而不用。熔鐵方法之發明，開了一個種族上的新紀元，可是在銅之生産纔開始的時候，卻不得同樣説道，也開了一個種族上的新紀元。不僅如此，並且因爲石器時代包含有銅器時代及鐵器時代。銅器時代又包含有鐵器時代，所以要截然地劃出區别各時代的分界線，這是不可能的。』（楊東蓴譯古代社會第一册十一至十二頁）

又恩格斯説：

『在這一階段上，工業活動方面的成就中，特别重要的有兩種：第一是織布機；第二是礦石的熔煉和金屬的加工。銅、錫以及由這兩者熔煉成的青銅，都是最重要的金屬；青銅可造有用的工具和武器，但是還不能完全代替石器；這只有鐵才能作，而當時還不會採鐵。』（張仲持

譯家族、私有財產及國家之起源）

又說：

『鐵使廣大面積的田野耕作，開墾廣大的森林地域，成爲可能；它給了手工業者以堅牢而銳利的器具，不論任何石頭或當時所知道的任何金屬，沒有一種能與之相抗。所有這些都不是一下子辦到的；最初的鐵往往與青銅還要柔軟些。所以，石器只是慢慢地消滅的。』(同上第九章)

照莫爾甘和恩格斯這種指示，哪裡有一個『銅器時代』或『青銅時代』呢？照莫爾甘和恩格斯這種指示看，石器、銅器、鐵器三個時代的發展實不是像資產階級考古學者所說的：

石器時代　→　銅器時代　→　鐵器時代

這樣三個截然分開前後相承的階段。也必不是如下列的形式：

石器時代

——銅器時代

——鐵器時代

照莫爾甘和恩格斯的指示看，石器、銅器、鐵器三個時代的發展，實應是如下列的形式：

石器時代——

鐵器時代——

銅器時代——

照這種形式看，則所謂『銅器時代』或『青銅時代』實都是石銅並用時代（實就是鐵器時代）。根本就没有一個無石器又無鐵器的獨立的『銅器時代』或『青銅時代』存在於石器時代與鐵器時代之間。這一點我們想考古學家們在所有發掘的『銅器時代』文化遺址中當可予以證明，又莫爾甘說，熔鐵方法之發明，開了一個種族上的新紀元，可是在銅之生產纔開始的時候，卻不得同樣的説道也開了一個種族上的新紀元。銅何以不能像鐵一樣『開一個種族上的新紀元』呢？這就是説銅器的使用不能和鐵一樣有力地提高生產力，促進經濟發展，從而推進社會發展。這也就是銅器的使用在經濟和社會的發展上所起的作用是極其有限的。銅器的使用何以對社會經濟的發展不能起很大的作用呢？何以不能提高生產力，從而推進經濟和社會的發展呢？這就因爲銅或青銅在工具的製造上不能完全代替石器。換句話説，所謂『銅器時代』或『青銅時代』的生產，主要的生產工具依然是石器。這也就是『銅器時代』或『青銅時代』實就是石銅並用時代。在歷史的實際上，既没有一個既没有石器又無鐵器的獨立的『銅器時代』或『青銅時代』存在，而我們說在石器時代和鐵器時代之間有一個『銅器時代』或『青銅時代』，從邏輯上講，似難説得通罷！歷史上既没有一個『銅器時代』或『青銅時代』，而我們説殷墟是『銅器時代』或『青銅時代』，豈非更是向壁虛構。

考古學家們謂殷墟是青銅時代，是不能成立的。又考古學者們因爲未看到殷墟時代的鐵器，謂殷墟不是用鐵器生產，我們以爲也是目論，這也就因爲他們不用莫爾甘和恩格斯的理論來推考這個問題的緣故，我們覺得，依照莫爾甘和恩格斯的指示來推考，殷墟時代無疑問的必已是使用鐵器了。無需等到看見鐵器這樣的『實物』。

我們説按照莫爾甘和恩格斯的指示，在石器時代和鐵器時代之間是没有銅器時代存在的，鐵器時代應就緊接着石器時代。莫爾甘説石器時代也『包含有』鐵器時代。恩格斯説，只有鐵才能排擠掉石器，而鐵之排擠石器又是『慢慢地』進行着的，鐵器時代與石器時代不僅緊接着，而且還互相交錯着。這樣，當石器猶用作主要的生産工具時，鐵當就開始發明了。經過一個相當的發展時期以後，鐵才排擠掉石器，取其地位而代之，照這樣看起來，我們覺得，這是很明白的，在方法上，我們判斷鐵器時代是否存在，實無需看有無鐵這項實物，也不是以銅器的有無爲標準，我們只要看石器的情況如何，便可推知是否已用鐵了。如果石器的數量很多，石器的種類很複雜，主要的生産工具又是石器，則這應還未進入鐵器時代。反之，如石器的數量甚少，石器的種類也不多，主要的生産工具也不見有石製的則這必是石器已逐漸爲鐵器所代替，也就是進入鐵器時代。若不見有石器，則更必是鐵器時代無疑。

我們試以這種方法來考察殷墟，便可知殷墟必已是鐵器時代無疑，殷墟石器的全部情況，因爲尚無完全的報告，我們不知其詳。但由已發表的報告看來，可知殷墟時代石器已不佔重要的地位了。在殷墟出土的器物中，銅器顯然是佔最重要的部分。禮器全部是精緻的銅製品。兵器除一部分骨簇以外，其他如戈矛都是銅製的。即消耗量最大的箭簇也用銅製。石製的箭簇已少到不多見，惟生產工具——尤其是農器——不見有銅製的。用器方面雖有石刀、石斧、石杵、石臼、磨石等，但也無一是生產工具。殷墟的器物是青銅高度的發達而石器則趨於衰落，這已是大家所公認的事實。在這樣的情形之下，石器顯然至少已接近於將消滅的階段。石器已將消滅，也就是鐵已將完全排擠掉石器，怎能説殷墟還不是鐵器生產呢？鐵是『慢慢地』排擠掉石器的，是鐵之開始用當猶遠在殷墟時代以前。殷墟時代是用鐵器生產，我們以爲，是可以肯定無疑的。也只有用鐵器生產，殷墟底發達的農業，精美的銅器，秀麗的契刻以及全部高度的文化才能理解。

鐵的冶煉比銅要稍困難點，而鐵之發明又比銅稍晚，在冶煉的技術上，最初煉銅自然比較進步些。因此，鐵開始使用的時候，只能以之代替石而製造農器及手工業工具，而兵器則依然用比較精煉些的青銅製造，到殷墟時代爲止，大概就是這樣鐵排擠石器的過程。殷墟以後，便不見有石器，這就説明石器已完全爲鐵器所代替。殷墟時代以後，在生產工具方面，鐵雖已完全代替了石器，但在兵器製造上，還未能取得青銅的地位。所以西周以至春秋時代，兵器依然用青銅製造。這由地下發掘所得以及典籍所説，西周和春秋時代都用銅兵器便可證明。管子説：『美金以鑄劍戟』『惡金以鑄鉏夷斤斸』。以青銅製兵器，以鐵製農器，這當是西周和春秋時代的實況。遠至戰國，鐵的冶煉愈益進步，於是便又奪取了青銅在兵器製造上的地位。鐵代替青銅製造兵器，應也是『慢慢地』進行的，在戰國以前，西周和春秋時代，必已有一部分兵器以鐵製造了。自殷墟以後至春秋之末當就是鐵奪取青銅在兵器製造上地位的過程。自殷墟（盤庚遷殷起算）至春秋之末爲時約一千年，是鐵代替青銅製造兵器經過了約一千年的時間。我們若以這樣的比例以律鐵之排擠石器，則鐵之完全排擠石器似至少也應經過與此同樣長的時間。我國鐵開始使用至少似當在唐虞以前了，這與我國犂耕的發明，文字的創造，時代也適相合。

總括起來説，我國鐵器的使用應當是這樣：在殷墟以前一千年或就開始用鐵了。及至殷墟時代，在生產工具方面鐵就完全排擠了石器。再下至春秋末及戰國，鐵又奪取了青銅在兵器製造上的地位。我們覺得，歷史事實必是如此，即使不完全符合，也相去不遠。也只有如此，我國上古的歷史才能獲得正確的瞭解。

一九五四年九月廿二日草竣于蕪湖獅子山

香鬓[illegible]久[illegible]来[illegible][illegible][illegible][illegible]